Spanish Short Stories For Intermediate

Become Fluent in Less Than 30 Days Using a Proven Scientific Method Applied in These Language Lessons. Practice Vocabulary, Conversation & Grammar
(series 1)

Learning Spanish Academy

© Copyright 2020 - All rights reserved.

The content contained within this book may not be reproduced, duplicated or transmitted without direct written permission from the author or the publisher. Under no circumstances will any blame or legal responsibility be held against the publisher, or author, for any damages, reparation, or monetary loss due to the information contained within this book. Either directly or indirectly.

Legal Notice:

This book is copyright protected. This book is only for personal use. You cannot amend, distribute, sell, use, quote or paraphrase any part, or the content within this book, without the consent of the author or publisher.

Disclaimer Notice:

Please note the information contained within this document is for educational and entertainment purposes only. All effort has been executed to present accurate, up to date, and reliable, complete information. No warranties of any kind are declared or implied. Readers acknowledge that the author is not engaging in the rendering of legal, financial, medical or professional advice. The content within this book has been derived from various sources. Please consult a licensed professional before attempting any techniques outlined in this book. By reading this document, the reader agrees that under no circumstances is the author responsible for any losses, direct or indirect, which are incurred as a result of the use of information contained within this document, including, but not limited to, errors, omissions, or inaccuracies.

Table of Contents

INTRODUCTION 6

SECTION I: THE VERB "PRETÉRITO IMPERFECTO" AND "PRETÉRITO PERFECTO". 8

   LESSON 1: EL VUELO DE CARLOS Y DANIELA / CARLOS Y DANIELA'S FLIGHT 9
   LESSON 2: EL VUELO MISTERIOSO / THE MYSTERIOUS FLIGHT. 20
   LESSON 3: LA MESERA IRRITANTE / THE ANNOYING WAITER 31
   LESSON 4: NO QUIERO SER MESERO / I DON'T WANT TO BE A WAITER 41

SECTION II: THE VERB "PRETÉRITO INDEFINIDO" AND "FUTURO DEL INDICATIVO". 52

   LESSON 5: LOS AMIGOS DE JUAN / JUAN'S FRIENDS 53
   LESSON 6: EMILY / EMILY 65
   LESSON 7: NUEVO TRABAJO / NEW JOB 77
   LESSON 8: PEDRO ENTENDIÓ AL AMOR / PEDRO UNDERSTOOD LOVE 88

SECTION III: THE VERB "PRESENTE DEL SUBJUNTIVO" AND "CONDICIONAL" 99

   LESSON 9: LA CITA DE DANIEL / DANIEL'S DATE 100
   LESSON 10: JOSÉ NO AMA LAS FIESTAS / JOSÉ DOESN'T LOVE PARTIES 111
   LESSON 11: LA CASA DESORDENADA / THE MESSY HOUSE 122
   LESSON 12: LA ESPOSA NECIA / THE STUBBORN WIFE 133

SECTION IV: BRINGING IT ALL TOGETHER 144

   LESSON 13: JOSÉ NO AMA LOS DEPORTES / JOSÉ DOESN'T LOVE SPORTS 145

CONCLUSION 156

LEARNING SPANISH ACADEMY

Introduction

Welcome to "Spanish Short Stories for Intermediate: Learn Spanish for Intermediate with 50 Short Stories to Learn Spanish Language, Growing your Vocabulary for a better Spanish Speaking, Reading, and Listening in a Week". Reading is one of the most effective techniques you can use in order to improve a language, so here you will find 50 fun and interesting stories about different topics that will help you improve your Spanish. Learning a language can be difficult sometimes, nevertheless, if you practice, everything can be easier. When reading, you will be able to improve even pronunciation skills, because you will be able to articulate every single word as well. In this way, with short, interesting, and fun stories, it will be easier to learn Spanish language.

This book was designed for people learning Spanish as a foreign language. Whether you are a Spanish student or you just want to retake this language, this book might be the best option for you. Languages are an important tool nowadays; we could communicate with a lot of people around the world. And we could also find excellent jobs in foreign countries as well. Learning a language is more important than people think, because it will be such a tool that will teach us about a whole different culture in so many ways. This is why learning a language, especially Spanish language, doesn't have to be a stressful task. You can always make your learning process way better and, sometimes, a little bit faster. That's what this book is created for. Spending your time just making sentences over and over again can be a little bit stressful in some cases, with this book you might learn vocabulary and improve the language even faster. It's not about being an expert but the best one using the language out there.

It does not matter why you are learning Spanish for; we have a lot of vocabulary in order to cover several topics you might be using as well. Whether you want to travel or maybe you just want to cook, this book has those topics covered for you. But the best thing is that the creative stories will teach you how to use each one of those words, so you will use them in different contexts as well. So, if this at the end worked for you, not only will you improve your Spanish as well but you will also be able to use these techniques, reading techniques, in order to learn any other language. As we have said before, learning a language can be difficult and overwhelming, but with fun and interesting short stories, the learning process can be not only easier but even more effective as well. So, if you want to improve this language, what are you waiting for?

Section I:
The verb "pretérito imperfecto" and "pretérito perfecto".

Lesson 1:
El vuelo de Carlos y Daniela / Carlos y Daniela's Flight

Español
El vuelo de Carlos y Daniela

Vocabulario importante:
Pasaporte
Moneda Oficial
Presupuesto
Agencia de viajes
Reserva
Posadas
Equipaje
Carrito de equipaje
Salida
Visa

English
Carlos and Daniela's flight

Important vocabulary:
Passport
Official Currency
Budget
Travel agency
Reservation
Inns
Luggage
Luggage trolley
Departure
Visa

Ella ha querido viajar mucho. Ha sido una niña en su interior. Ella también ha deseado recorrer muchos países. Ha podido trabajar para reunir dinero. También ha podido tramitar su **pasaporte**. Muchas personas no lo han hecho. Ha sido un proceso difícil, pero ella lo ha hecho y se ha sentido muy feliz. Se la ha comentado a su esposo y él ha estado muy contento por ella. El ya ha tramitado su pasaporte, antes que ella. Así,

She has wanted to travel a lot. She has been a little kid inside. She has also wished visiting lots of countries. She has worked a lot to collect money. She has also gotten her **passport**. So many people haven't done it. It has been a difficult process but she has done it and she has felt happy for it. She has said this to her husband and he has been very happy for her. He has gotten his passport already. Thus, both of them have planned a really long

ambos han podido planear un viaje bastante largo y placentero. Lo siguiente que marido y mujer han hecho es conocer la **moneda oficial** del país. Ellos han reunido mucho dinero para cambiarlo en el país al que han deseado viajar. Por ello, ha sido muy importante conocer la moneda oficial de aquel país.

Ellos han tenido que trabajar mucho para conseguir el **presupuesto** de su viaje. Han trabajado mucho pues han necesitado mucho dinero para vivir en su país actual y para viajar. Ha sido muy difícil para ellos sobrevivir en su país, pero lo han logrado. Ambos se han dirigido hacia la **agencia de viajes**. En la agencia de viajes ellos han visto las ofertas que la agencia ha ofrecido. Se han alegrado porque han escogido uno barato, aunque muy bueno. Ellos han hablado con las personas en la agencia y estas les han recomendado un país excelente al cual viajar. Ellos han contenido sus lágrimas de pura felicidad. Ellos también han escuchado todas las reglas del viaje y la agencia.

and delightful trip. The next thing man and woman have done is to know the **official currency** of the country. They have collected a lot of money in order to change it in the country they have wanted to visit. That's why it has been so important to know the official currency of that country.

They have had to work a lot to get the **budget** for their trip. They have worked a lot because they have needed a lot of money in order to live in their current country, and, of course, in order to travel. For them, it has been difficult to survive in their country, but they have made it. Both of them have gone to the **travel agency**. In the travel agency, they have seen the offers the agency has offered. They have been pleased because they have chosen a cheap but a good trip. They have talked to people in the agency and these people have recommended them an excellent country to visit. They have kept their tears of joy. They have also heard all of the rules from the agency and the trip as well.

Daniela has worried a lot

Daniela se ha preocupado bastante por la **reserva**, ella no ha conocido jamás el papeleo de la reserva. Las personas en la agencia de viajes les han recomendado varias **posadas**. A ellos siempre les han gustado las posadas. Así, Carlos ha escogido la posada más bonita que ha encontrado allí. La encargada les ha recomendado muchas cosas para cuando lleguen a su destino. Carlos y Daniela nunca han estado tan contentos. Han pasado tres horas desde su llegada a casa. Han preparado todo su viaje desde hace mucho tiempo. Ambos se han muy sentido cansados, después de ir hacia la agencia de viajes; por ello, han decidido descansar.

Han dormido muy pocas horas. Han despertado temprano debido al vuelo. Daniela nunca ha estado en un aeropuerto. Se ha emocionado al llegar. Ha sentido mucha ansiedad, nunca ha esperado algo tanto como ha esperado este viaje. Carlos y Daniela han traído su gran **equipaje**; cuatro grandes maletas. Ellos han

because of the **reservation**. She has never known the reservation paperwork. The people in the agency travel have recommended them lots of **inns**. They have always loved inns. So, Carlos has chosen the most beautiful Inn he has found there. The director has recommended them so many things when arriving. Carlos and Daniela have never been this happy. Three hours have elapsed ever since they got home. They have prepared everything for their trip since a long time ago. They both have felt really tired, after the travel agency. That's why they have decided to rest a little bit.

They have slept just a couple of hours. They have woken up early because of the flight. Daniela has never been in an airport. She has been excited when arriving there. She has felt herself anxious; she has never waited for something as much as she has waited for this trip. Carlos and Daniela have brought their big **luggage**; four big suitcases. They have walked through the entire airport, they have

caminado a través de todo el aeropuerto, han chequeado cada rincón del mismo. Se han dirigido hacia varios asientos en donde han esperado todo el tiempo que han querido. A su derecha, Daniela ha visto los aviones y al **carrito de equipajes** recorrer una distancia enorme, con muchas maletas en la parte trasera. Un hombre ha hablado muy fuerte. Ellos se han volteado asustados y han visto a alguien con un traje impecable y un café en su mano. Él se ha presentado como un conductor de aquellos carritos de equipajes. El les ha dicho que estén alertas y que esperen el próximo vuelo.

Unos minutos después, Daniela ha visto a ese hombre que los ha saludado, manejando uno de esos carritos de equipajes. Una voz ha sonado y ha anunciado el vuelo de Daniela y Carlos. Estos se han dirigido a la **salida**. Daniela y Carlos han mostrado sus pasaportes y se han dirigido hacia el avión. Daniela ha estado contenta cuando ha subido y ya ha dejado sus maletas en el carrito. Carlos y Daniela han

checked every corner. They have gone to some sits where they have waited the entire time they have wanted. On her right, Daniela has seen some airplanes and the **luggage trolley** driving an enormous distance, with a lot of suitcases in its back part. A man has talked loudly. They have turned themselves scared and they have seen someone with an impeccable suit and coffee in his hand. He has introduced himself as one of those luggage trolley drivers. He has told them to be aware and to wait the next flight.

After a couple of minutes, Daniela has seen that man that has greeted them, driving one of those luggage trolleys. A voice has sounded and announced Daniela and Carlos' flight. They have gone to the **departure**. Daniela and Carlos have shown their passports and they have gone to the airplane. Daniela has been very happy when arriving and she has put her suitcases in the luggage trolley. Carlos and Daniela have chosen their sits. Suddenly, the driver has appeared in the airplane and has told Daniela: "Sorry, I

elegido sus asientos. De repente, el conductor ha aparecido en el avión y le ha dicho a Daniela: "Disculpe, he encontrado esto fuera de su maleta, lo ha dejado". Ha encontrado la **visa** de Daniela. Ella no ha dejado de agradecérselo desde ese entonces.

have found this out of your suitcase, you have dropped it". He has found Daniela's **visa**. Since then, she has thanked him for that.

Por favor responda las siguientes preguntas.	Please answer the following questions.
¿Qué ha tramitado ella?	What has she gotten?
¿Qué ha sido importante conocer antes de viajar	What has been important to know before visiting the country?
¿Qué han tenido que conseguir para su viaje?	What have they had to get for their trip?

¿A dónde han tenido que ir?	Where have they had to go?
¿Por qué se ha preocupado Daniela?	Why has Daniela worried?
¿Qué les ha recomendado la gente en la agencia de viajes?	What have the people in the agency recommended them?

¿Qué han traído Carlos y Daniela?
_____
_____
_____
_____
_____
_____

What have Carlos and Daniela brought?
_____
_____
_____
_____
_____
_____

¿Qué ha visto Daniela además de los aviones?
_____
_____
_____
_____
_____
_____

What has Daniela seen besides the airplanes?
_____
_____
_____
_____
_____
_____

¿Qué ha anunciado la voz en el aeropuerto?
_____
_____
_____
_____
_____
_____

What has the voice in the airport announced?
_____
_____
_____
_____
_____
_____

¿Qué ha perdido Daniela?
_____
_____
_____

What has Daniela lost?
_____
_____
_____

Respuestas sugeridas	Suggested answers
¿Qué ha tramitado ella?	What has she gotten?
Ella ha tramitado su pasaporte.	She has gotten her passport
¿Qué ha sido importante conocer antes de viajar	What has been important to know before visiting the country?
Ha sido importante conocer la moneda oficial del país.	It's been important to know the official currency of the country.
¿Qué han tenido que conseguir para su viaje?	What have they had to get for their trip?
Han tenido que conseguir el presupuesto.	They have to get the budget.
¿A dónde han tenido que ir?	Where have they had to go?
Han tenido que ir a la agencia.	They have gone to the travel agency
¿Por qué se ha preocupado Daniela?	Why has Daniela worried?
Se ha preocupado por la reservación.	She has worried because of the reservation.
¿Qué les ha recomendado la gente en la agencia de viajes?	What have the people in the agency recommended them?
Ellos les han recomendado varias posadas	They have recommended them lots of inns.

¿Qué han traído Carlos y Daniela?	What have Carlos and Daniela brought?
Su gran equipaje.	Their big luggage.
¿Qué ha visto Daniela además de los aviones?	What has Daniela seen besides the airplanes?
Ella ha visto al carrito de equipajes.	She has seen the luggage trolley.
¿Qué ha anunciado la voz en el aeropuerto?	What has the voice in the airport announced?
El vuelo de Daniela y Carlos.	Daniela and Carlos' flight.
¿Qué ha perdido Daniela?	What has Daniela lost?
Ella ha perdido su visa.	She has lost her visa.

Lesson 2:
El vuelo misterioso /
The mysterious flight

Español	English
El vuelo misterioso	**The mysterious flight**

Vocabulario importante:	Important vocabulary:
Billete	Ticket
Precios	Prices
Embajada	Embassy
Fechas	Dates
Avión	Airplane
Programa	Itinerary
Maleta	Suitcase
Mochila	Backpack
Traslado	Transfer
Vuelo	Flight

Una mujer ha querido comprar un **billete** para su viaje. A ella siempre le ha gustado viajar. Ha visitado muchos países en Latinoamérica como Argentina, Brasil, Chile, y Venezuela. Ella también ha visitado algunos países en Europa como Alemania, Francia, y Suecia. Ella ha viajado también a Japón y China. Además, los **precios** de aquellos viajes han sido excelentes; ella no ha querido desaprovechar, desde ese entonces, las ofertas en

A woman has wanted to buy a **ticket** for her trip. She has always loved travelling. She has visited several countries in Latin America as Argentina, Brazil, Chile, and Venezuela. She has also visited some European countries as Germany, France, and Sweden. She has also traveled to Japan and China. Also, the **prices** for those trips have been excellent. She has wanted to seize, since that moment, the offers regarding trips. She has loved to peregrinate and

materia de viajes. Le ha gustado peregrinar y conocer culturas diferentes a la suya. Ella ha querido, desde ese entonces, descansar; pero, ha pensado recientemente que ha llegado la hora de cambiar de parecer.

Esta idea del viaje se le ha ocurrido gracias a una gran **embajada** que ha visto, cuando ha salido de su trabajo. Ella ha ido a varias embajadas a solicitar visados y otros papeles para entrar a ciertos países. Sin embargo, ella ha dicho para sí misma: "Nunca he visto esta embajada". No ha conocido a nadie que conozca esa nueva embajada. Ella ha tenido tantas ideas en su cabeza que, en cierto momento, ha decidido olvidarlo todo y dirigirse hacia aquella embajada. Aquella embajada ha sostenido una conexión con una isla en el Caribe, una isla desconocida para ella. Cuando ha salido de allí, ha obtenido rápidamente un único papel necesario para entrar en aquella isla. Después de eso, se ha dirigido hacia el aeropuerto más cercano para observar las **fechas** y los precios de los pasajes. Ha elegido el mejor

to know different cultures. She has wanted, since then, to rest, but, she has thought recently that the moment the change her mind has arrived.

This idea of the trip has come thanks to an **embassy** she has seen, when leaving her job. She has gone to several embassies in order to look for visas and other papers she'll need to go to certain countries. Nevertheless, she has said to herself: "I've never seen this embassy". She hasn't known anyone who knows this new embassy. She has had several ideas in her head that, at some point, she has decided to forget everything and go to that embassy. That embassy has maintained a connection with a Caribbean island, an known island for her. When she has left that place, she has gotten quickly the only and necessary piece of paper to go to that island. After this, she has gone to the closest airport to check the **dates** and the ticket's prices. She has chosen the best one in her city to do that trip.

que conocía en su ciudad para realizar aquel viaje.

Ella se ha marchado a su casa, lista para aquel viaje. No han salido muchos vuelos hacia aquella isla. Se ha esparcido un rumor muy extraño: "Ningún **avión** ha podido aterrizar allá". Ella ha pensado que todos han dicho mentiras, por lo tanto no ha querido creer que ningún avión no ha podido aterrizar. Todos han dicho que la isla ha absorbido alguna maldición. Ella siempre ha sido escéptica, por lo tanto, ha decidido no creer en ello. Además, ella se ha sentido muy entusiasmada cuando ha visto el **programa** del viaje en la embajada. Allá le han comentado todas las actividades que la isla ha ofrecido desde hace muchos años. Ha decidido no escuchar a otras personas. Durante varios días ella ha soñado con un viaje placentero, ha dormido muy bien ya que se ha sentido emocionada por el viaje.

Ha decidido preparar su **maleta** un día antes. Debido a la salida temprana del vuelo, ha tenido que despertar demasiado temprano. No se ha sentido agraviada por ello;

She has gone to her house, ready, for that trip. Not so many flights have gone towards that island. A weird rumor has been given: "No **airplane** has landed there". She has thought that everyone has told lies, therefore, she hasn't wanted to believe that no airplane hasn't landed there. All of them have said that the island has absorbed a sort of damnation. She has always been skeptical; therefore, she has decided to avoid that. Also, she has felt very excited when she has seen the flight's **itinerary** at the embassy. There, people have told her all of the activities the island has offer since a long years ago. She has decided not to listen to other people. During several days, she has dreamed with a pleasing trip, she has slept very well because she has been very excited because of the trip.

She has decided to prepare her **suitcase** a day before. Because of the flight's early departure, she has had to wake up too early. She hasn't felt bad because of it; on the contrary, she has been happy. She hasn't slept very well

al contrario, se ha sentido feliz. No ha podido dormir muy bien ya que ha esperado con mucha emoción este viaje. Ella ha preparado su maleta y una **mochila**. Siempre le han gustado las mochilas porque ha podido llevar allí muchas cosas, como pasatiempos, algunas bebidas, y otros artículos, los cuales ha podido sacar fácilmente, en cualquier momento del día. En la madrugada del día tan esperado, se ha dirigido hacia la puerta de su casa y ha llamado un taxi; el taxi rápidamente la ha llevado hacia al aeropuerto.

Al llegar, se ha dirigido hacia unos asientos cerca de un vidrio muy alto, el cual le ha permitido ver los aviones despegar. Ella no ha podido respirar mucho de la emoción. También ha sentido algo de incertidumbre al pensar en el **traslado** al llegar a la isla, pero esto ha dejado de preocuparle.

Mucho tiempo después, ella ha recordado aquel acontecimiento como algo muy extraño. Ha olvidado aquella isla. Antes de montarse en su **vuelo**, ha visto a un viajero salir

because she has waited, very thrilled, this trip. She has prepared her suitcase and a **backpack**. She has always loved backpacks because she has been able to look for there so many things, as games, some drinks, and other articles that she has put out easily, in any time of the day. During the dawn of the expected day, she has gone to the her house's door and called a cab; the cab has taken her to the airport fast.

When arriving, she has gone to some sits near a huge glass that allowed her to see some airplanes leaving the airport. She hasn't breathed properly because of her excitement. Also, she has felt certain uncertainty when thinking about the **transfer** when arriving at the island, but she has stopped worrying about it.

After a couple of hours, she has remembered that event as something really strange. She has forgotten that island. Before getting in the **flight**, she has seen a traveler going out and screaming: "I've told you this!", while the plain has

gritando: "¡Se los he dicho!", mientras el avión se ha incendiado por sí mismo; el fuego ha dejado a varios pasajeros con múltiples quemaduras graves. Desde ese suceso, ella no ha querido viajar más.

burned down by itself; the fire injured several passengers with plenty of awful injuries. Since then, she hasn't wanted to travel anymore.

Por favor responda las siguientes preguntas.	Please answer the following questions.
¿Qué ha querido comprar una mujer?	What has a woman wanted to buy?
¿A qué países europeos ha viajado ella?	To what countries has she traveled?
¿Gracias a qué se le ha ocurrido la idea del viaje?	Thanks to who has she thought the idea about travelling?

¿Qué ha observado en el aeropuerto más cercano?	What has she observed at the closest airport?
_____	_____
_____	_____
_____	_____
_____	_____
_____	_____
¿Qué es lo que no ha podido aterrizar allá?	What hasn't been able to land there?
_____	_____
_____	_____
_____	_____
_____	_____
_____	_____
¿Cuándo se sintió ella emocionada?	When did she feel excited?
_____	_____
_____	_____
_____	_____
_____	_____
_____	_____
¿Qué ha decidido preparar ella?	What has she decided to prepare?
_____	_____
_____	_____
_____	_____
_____	_____
_____	_____

¿Qué ha llevado además de la maleta? | What has she brought besides the suitcase?

¿A dónde se ha dirigido al llegar? | Where has she gone when arriving?

¿Qué ha dejado de preocuparle? | What has stopped worrying her?

Respuestas sugeridas	Suggested answer
¿Qué ha querido comprar una mujer?	What has a woman wanted to buy?
Un billete.	A ticket.
¿A qué países europeos ha viajado ella?	To what countries has she traveled?
A Alemania, Francia, y Suecia.	To Germany, France, and Sweden.
¿Gracias a qué se le ha ocurrido la idea del viaje?	Thanks to who has she thought the idea about travelling?
Gracias a una embajada que ha visto.	Thanks to an embassy she has seen.
¿Qué ha observado en el aeropuerto más cercano?	What has she observed at the closest airport?
Las fechas y los precios.	The dates and prices.
¿Qué es lo que no ha podido aterrizar allá?	What hasn't been able to land there?
Ningún avión.	No plane.
¿Cuándo se sintió ella emocionada?	When did she feel excited?
Cuando ha visto el itinerario.	When she has seen the itinerary.
¿Qué ha decidido preparar ella?	What has she decided to prepare?
Su maleta.	Her suitcase.

¿Qué ha llevado además de la maleta?	What has she brought besides the suitcase?
La mochila.	The backpack.
¿A dónde se ha dirigido al llegar?	Where has she gone when arriving?
A unos asientos cerca de un vidrio muy alto.	To some seats near a huge glass.
¿Qué ha dejado de preocuparle?	What has stopped worrying her?
El traslado.	The transfer.

Lesson 3:
La mesera irritante /
The annoying waiter

Español	English
La mesera irritante	**The annoying waitress**
Vocabulario importante:	**Important vocabulary:**
Gerente del restaurante	Restaurant manager
Mesera	Waitress
Carta	The menu
Plato principal	Main course
Filete	Steak
Copa de vino	Glass of wine
Cuchara	Spoon
Sardina	Sardines
Refresco	Soft drink
Postre	Dessert

En la ciudad se han encendido las luces, los restaurantes han abierto sus puertas. Las personas se han dirigido a cada uno de ellos, día tras día. En esta ocasión, eso le ha ocurrido a María. María se ha sentido con mucha pereza y no ha querido cocinar. No ha comido nada desde la mañana. Ha sentido la necesidad de comer algo y no lo que ha comprado su madre. Por ello, ha decidido ir a un restaurante. Cerca de la puerta, ha observado a una mujer gritar. La ha visto	In the city, the lights have turned on, restaurants have opened their doors. People have gone to each one of them, day after day. In this occasion, that has happened to María. María has felt lazy and she hasn't wanted to cook. She hasn't eaten anything since the morning. She has felt the need of eating something and not what her mother has bought. That's why, she has decided to go to a restaurant. Near the door, she has observed a woman screaming. She has seen her

marcharse, histérica, y desesperada. También ha visto a un hombre, en su chaqueta, ha visto una pequeña etiqueta: "Gerente". Ha visto al **gerente del restaurante**. Ha olvidado el asunto, a la mujer, y a sus gritos. Una **mesera** se ha acercado y se ha puesto a las órdenes María cuando esta ha pisado el restaurante.

"He sentido ganas de comer algo delicioso", le ha dicho María. La mesera, la cual le ha parecido familiar a María, le ha indicado una mesa. María se ha sentado y la mesera le ha entregado **la carta**. María, entonces, ha visto cada uno de los platos. Ha sentido una ansiedad repentina dentro de ella. No ha terminado de hacer su elección y ha notado en la mesera una actitud extraña. "¿Le ha ocurrido algo?", le ha preguntado María pero la mesera ha negado absolutamente todo. María ya ha elegido su **plato principal**. La mesera le ha quitado de sus manos la carta y se ha dirigido a la cocina. María se ha dado cuenta de que la mesera no ha anotado nada en una pequeña libreta.

going away, screaming, and desperate. Also, she has seen a man, and in his jacket, she has seen a label: "manager". She has seen the **restaurant manager**. She has forgotten this subject, the woman, and her screams. A **waitress** has gone closer, ready to take Maria's order when she has gotten in the restaurant

"I've felt like eating something delicious", has said Maria. The waitress that has looked familiar for María has indicated her a table. Maria has sat and the waitress has given her **the menu**. María, then, has seen each one of the dishes. She has felt sudden anxiety inside of her. She hasn't finished with her choice and she has noticed a weird attitude from the waitress. "Has something happened to you?", María has asked her but the waitress has denied absolutely everything. Maria has chosen her **main course**. The waitress has taken the recipe from her hands and she has gone to the kitchen. María has noticed that the waitress hasn't written anything in a small notebook.

María ha pedido un **filete**. A ella siempre le han gustado los filetes. Su madre ha cocinado muchos para ella. Su madre ha sido una mejor cocinera, desde siempre. También, María ha pedido una **copa de vino**. Durante aquella noche, ella se ha sentido especial, y ha sentido las ganas de divertirse. No ha bebido mucho, en bastante tiempo. Pero ella siempre ha pensado que el vino es diferente. Todas estas imágenes, del vino, y del filete, han rondado su cabeza durante muchos minutos. Se ha preguntado: "¿A dónde ha ido la mesera?". No ha regresado y ya ha transcurrido más de dos horas. María ha comenzado a irritarse.

De repente, la mesera ha aparecido. Obviamente, María no ha estado feliz. Sin embargo, al verla, ha deseado que las cosas mejoren. Ha deseado poder saborear su filete de una vez por todas. Pero, su irritación ha incrementado. La **cuchara** se ha caído del plato de la mesera, se ha ensuciado bastante. La mesera ha sostenido una sonrisa que ha resultado insoportable para

María has asked for a **steak**. She always loved steaks. Her mother has cooked so many for her. Her mother has been the best cook, since forever. Also, María has asked for a **glass of wine**. During that night, she has felt herself special and she has felt like having fun. She hasn't drunk a lot, in a while. But, she has always thought that wine is different. All of those images, wine and steak, has roamed her head during a couple of minutes. She has asked herself: "Where has she gone?", She hasn't come back and it has elapsed more than two hours. María has started to feel annoying.

Suddenly, the waitress has appeared. Obviously, María hasn't been happy. Nevertheless, when seeing her, she has wished better things. She has wished to taste her stake once for all. But, her anger has increased. The **spoon** has fallen out of the plate, getting very dirty. The waitress has held a smile that has been unbearable for María. "Sorry, I've taken too much time, I know". María hasn't said anything. She has

María. "Perdón, he tardado mucho, lo sé". María no ha dicho nada. Ha observado el plato y no ha podido evitar exclamar: "¿Qué has traído?". La mesera ha confundido la orden que María le ha dado. La mesera ha traído **sardinas**, y además de ello, se ha olvidado del vino y ha traído un **refresco**. María ha comenzado a gritar, así como ha gritado la mujer que ha visto salir, unas horas antes. La mesera se ha alarmado y ha tratado de calmarla pero María no ha podido calmarse. María ha deseado durante mucho tiempo aquella cena y la mesera ha resultado ser horrible, una mala empleada.

En ese instante, el gerente del restaurant ha salido de su oficina. Él ha observado a la mesera y ha suspirado una vez más. María ha emitido muchas quejas. El gerente se ha dirigido hacia la mesera y la ha tomado de la camisa. El gerente ha despedido a mucha gente, pero nadie ha insistido tanto como ella. "Disculpe", se ha dirigido a María. "La he despedido, pero ha regresado. Le he traído un **postre** gratis como recompensa".

observed the dish and she hasn't avoided screaming: "What have you brought?". The waitress has mixed the order María has given her. The waitress has brought **sardines** and she has forgotten wine and brought a **soft drink**. María has started screaming, just like the woman she has seen, a couple of hours ago. The waitress has gotten alarmed and tried to calm her down but María hasn't been able to calm down. María has wished that dinner since a long time ago and the waitress has been horrible, an awful employee.

In that very moment, the restaurant manager has left his office. He has observed the waitress and sighed once more. María has said so many complaints. The manager has gone to the waitress and has taken her by her shirt. The manager has fired a lot of people but no one has insisted as much as she did. "Sorry", he said to María. "I have fired her, but she has come back. I brought a free **dessert** as a reward".

| Por favor responda las siguientes preguntas. | Please answer the following questions. |

¿Con qué se ha sentido María?

How has María felt?

¿Quién se ha acercado a María?

Who has gone closer to María?

¿Qué ha sentido María?

How has María felt like?

¿Qué le ha entregado la mesera?

What has the waitress given María?

¿Qué no ha hecho María en bastante tiempo?	What hasn't she done in a while?
¿Cuántas horas han transcurrido?	How many hours have elapsed?
¿Qué se ha caído fuera del plato?	What has fallen out of the plate?
¿Cómo ha resultado ser la mesera?	How has the waitress been?

¿Qué ha emitido María?	What has María said?
¿Qué le ha dado el manager a María como recompensa?	What has the manager given her as a reward?

Respuestas sugeridas	Suggested answers
¿Con qué se ha sentido María?	How has María felt?
Con mucha pereza.	She has felt lazy.
¿Quién se ha acercado a María?	Who has gone closer to María?
Una mesera.	A waitress.
¿Qué ha sentido María?	How has María felt like?
Ganas de comer algo delicioso.	She felt like eating something delicious.
¿Qué le ha entregado la mesera?	What has the waitress given María?
La carta.	The menú.
¿Qué no ha hecho María en bastante tiempo?	What hasn't she done in a while?
Beber.	Drinking.
¿Cuántas horas han transcurrido?	How many hours have elapsed?
Más de dos horas.	More than two hours.

¿Qué se ha caído fuera del plato?	What has fallen out of the plate?
La cuchara.	The spoon.
¿Cómo ha resultado ser la mesera?	How has the waitress been?
Una mala empleada.	An awful employee.
¿Qué ha emitido María?	What has María said?
Muchas quejas.	So many complaints.
¿Qué le ha dado el manager a María como recompensa?	What has the manager given her as a reward?
Un postre.	A dessert.

Lesson 4:
No quiero ser mesero /
I don't want to be a waiter

Español
No quiero ser mesero

Vocabulario importante:
Mesero
Clientes
Tenedor
Servilleta
Coctel
Cerveza
Hamburguesa
Ensalada
Pan
Botella de agua

English
I don't want to be a Waiter

Important vocabulary:
Waiter
Clients
Fork
Napkin
Cocktail
Beer
Hamburger
Salad
Bread
Bottle of water

Mike ha estado muy preocupado porque ha necesitado dinero, demasiado. Ha ido a muchos lugares pero ha recibido una respuesta negativa de cada lugar. El nunca ha sido un **mesero**, jamás ha querido serlo. Su padre le ha recomendado esa profesión pero él nunca la ha deseado. Él ha tenido que lidiar con **clientes** antes y ha conocido las partes horribles de eso. Sin embargo, ha estado con muchos problemas económicos últimamente. Mike no ha tenido muchas

Mike has been really worried because he has needed money, a lot. He has gone to many places but he has received a negative answer from every place. He's never been a **waiter**, he's never wanted to be one. His father has recommended him that profession but he never wished it. He has had to deal with **clients** before and he has known the horrible parts of it. However, he has been with several economy problems lately. Mike hasn't had many job offers and this

ofertas de empleo y esto le ha preocupado bastante. Ha estado caminando por la ciudad y ha visto muchos restaurantes. En estos restaurantes ha visto letreros con un mensaje escrito: "Oferta de empleo: mesero". Mike ha suspirado mucho, ha visto demasiadas veces esa oferta, era la única que ha tenido. Por ello, una mañana, ha despertado y se ha convencido: ha decidido ser mesero.

Después de algunos días, Mike ha recibido una respuesta positiva: ha conseguido el empleo. Su padre se ha alegrado por él, Mike le ha dado la noticia en la mesa y su **tenedor** se ha caído debido a la emoción. "Has sido una persona muy disciplinada", le ha dicho su padre. Él se ha considerado eso, pero ahora, la situación ha cambiado; él ha sido disciplinado para las actividades que ha disfrutado, y nada más. En ese instante, su padre ha tomado una **servilleta** para limpiar el tenedor y toda la familia ha continuado comiendo como antes. Sin embargo, no ha dejado de pensar en la presión que ya ha sentido con clientes

has worried him a lot. He has been walking all over the city and he has seen several restaurants. In these restaurants he has seen a lot of signs with a written message: "Job offer: waiter". Mike has sighed a lot, he has seen too many times that offer, it was the only one he has had. That's why, one morning he has woken up, he has convinced himself: he has decided to be a waiter.

After a couple of days, Mike has received a positive answer: he has gotten the job. His father will be happy for him, Mike has given him the news on the table and his **fork** has fallen due to the excitement. "You've been a very disciplined person", his father had told him. He has considered himself that, but now, the situation has changed; he had been disciplined for the activities he has enjoyed, and that's it. In that very moment, his father has taken a **napkin** to clean the fork and the entire family had continued eating as before. Nevertheless, he hasn't stopped thinking of the pressure he has felt before with clients. Ever

antes. Desde la buena noticia, no ha podido dormir muy bien.

El primer día ha llegado y él ya ha atendido al primer cliente. Sus compañeros le han dicho que su jefe ha sido siempre muy estricto; esto le ha asustado. Ha tomado nota de la primera orden del día y de su primer día. Sus manos han estado temblando durante el día entero y cuando ha llegado a la cocina no ha podido leer lo que ha escrito, también ha olvidado escribir el número de la mesa de aquella orden. Ha colocado el papel en la cocina y se ha dirigido hacia la sala principal, en donde se han sentado todos los clientes. Los primeros clientes que ha atendido han pedido un **coctel** y una **cerveza**. Mike ha regresado a la cocina y su mente se ha ido volando hacia otro lugar. Esa ha sido su opinión porque sus primeros clientes le han gritado: "¡Qué has traído!".

Su jefe no se ha enterado del error. Los clientes se han ido, furiosos, del local. Mike ha recuperado su respiración. Nuevos clientes han llegado, y

since the good news, he hasn't slept very well.

The first day has arrived and he has attended his first client. His partners had said to him that his boss has always been very strict, this has scared him. He has written down the first order of the day, his first day. His hands have been trembling during the entire day and when he has arrived at the kitchen, he hasn't been able to read what he has written, also, he has forgotten to write the number of the client's table. He has put down the paper in the kitchen and he has gone to the main room, where the clients have sat. The first clients he has attended have asked a **cocktail** and a **beer**. Mike has returned to the kitchen and his mind has flown away to another place. That's been his opinion because his first client have screamed at him: "What have you brought!".

His boss hasn't known anything about the mistake. The clients have left the restaurant, mad. Mike has

uno de ellos ha llamado a Mike para que tome su orden. Mike encantado ha comenzado a anotar en su libreta, pero ha notado que no deja de temblar. El cliente ha empezado a mirarlo extraño y Mike se ha puesto más nervioso. Los nuevos clientes han pedido una **hamburguesa** y una **ensalada**. Mike se ha dirigido hacia la cocina, ha dejado el papel y ha regresado. Sin embargo, la historia se ha repetido; los nuevos clientes han gritado: "¡Qué has traído!".

Mike se ha asustado mucho esta vez; estos clientes han gritado mucho más fuerte. El jefe no ha salido de su oficina y Mike ha notado la cara de preocupación en sus compañeros. Los clientes, finalmente, se han marchado. Mike ha tratado de reponerse pero no ha podido. Han entrado nuevos clientes y han llamado a Mike para tomar la orden. Mike ha estado muy confuso. En esta ocasión han pedido **pan** pero Mike les ha traído una **botella de agua**. Los clientes no han gritado nada, sino su jefe, en su oreja: "¡Has sido despedido!". Mike,

gotten back his breath. His new clients have arrived and one of them has called Mike to take his order. Mike, excited, has started writing down on his notebook, but he has noticed that he doesn't stop trembling. The client has strangely looking at him and Mike has gotten even more nervous. The new clients have asked for a **hamburger** and a **salad**. Mike has gone to the kitchen, left the paper, and he has come back. Nevertheless, the story has been repeated, the new clients have screamed: "What have you brought!".

Mike has gotten really scared this time, these clients have screamed even louder. The boss hasn't left his office and Mike has noticed worried faces on his partners. The clients, finally, have left. Mike has tried to feel better but he hasn't been able to do so. New clients have gotten in and called Mike to take their order. Mike has been very confused. In this occasion, they have asked for **bread** but Mike has brought a **bottle of water**. The client's haven't screamed anything, but his boss in his hear has screamed: "You've been

se ha marchado, seguro de que aquel no ha sido su trabajo preferido.	fired!". Mike has left, being pretty sure that that hasn't been his favorite job.

Por favor responda las siguientes preguntas.	Please answer the following questions.
¿Qué nunca ha sido Mike?	What has he never been?
¿Con qué ha tenido que lidiar Mike antes?	With what has he had to deal before?
¿Qué se ha caído del plato?	What has fallen out of the plate?

¿Con qué ha limpiado el padre el tenedor?	With what has the father cleaned the fork?
¿Qué han pedido los primeros clientes que él ha atendido?	What have the first clients he has attended asked for?
¿Qué han pedido los nuevos clientes?	What have the new clients asked for?
¿Qué han gritado los nuevos clientes?	What have the new clients screamed?

¿Qué han pedido los clientes? | What have the clients asked for?

¿Qué ha traído él? | What has he brought?

¿Cómo ha sido siempre su jefe? | How has always been his boss?

Respuestas sugeridas	Suggested answers
¿Qué nunca ha sido Mike? Un mesero.	What has he never been? A waiter.
¿Con qué ha tenido que lidiar Mike antes? Con clientes.	With what has he had to deal before? With clients.
¿Qué se ha caído del plato? El tenedor.	What has fallen out of the plate? The fork.
¿Con qué ha limpiado el padre el tenedor? Con la servilleta.	With what has the father cleaned the fork? With a napkin.
¿Qué han pedido los primeros clientes que él ha atendido? Un coctel y una cerveza.	What have the first clients he has attended asked for? A cocktail and a beer.
¿Qué han pedido los nuevos clientes? Una hamburguesa y una ensalada.	What have the new clients asked for? A hamburger and a salad.

¿Qué han gritado los nuevos clientes?	What have the new clients screamed?
"¡Qué has traído!"	"What have you brought!"
¿Qué han pedido los clientes?	What have the clients asked for?
Pan.	Bread.
¿Qué ha traído él?	What has he brought?
Una botella de agua.	A bottle of water.
¿Cómo ha sido siempre su jefe?	How has always been his boss?
Muy estricto.	Very strict.

Section II:
The verb "pretérito indefinido" and "futuro del indicativo".

Lesson 5:
Los amigos de Juan / Juan's friends

Español	English
Los amigos de Juan	**Juan's friends**
Vocabulario importante:	**Important vocabulary:**
Corazón	Heart
Codo	Elbow
Estómago	Stomach
Frente	Forehead
Muñeca	Wrist
Músculo	Muscle
Muslo	Thigh
Nariz	Nose
Pecho	Chest
Pelo	Hair

Juan quiso sacar su bicicleta pero su madre le dijo: "No". Juan estuvo muy triste. Vio a todos sus amigos jugar y se puso a llorar. Pensó que su madre fue malvada con él. Ella no lo quiso ver jugando con su bicicleta y no tuvo razones para decir eso. Juan se molestó por ello: su madre no le dio razones para negarle su diversión. Juan sintió un malestar en el **corazón**, ese malestar que sentimos gracias a la rabia. En ese instante, Juan ideó un plan para salir. Su madre le dijo: "No", pero

Juan wanted to play with his bicycle but his mother told him: "No". Juan was really sad. He saw his friends playing and he cried. He thought his mother was evil with him. She didn't want to see him playing with his bicycle and had no reasons to say so. Juan got upset because of it: his mother didn't give him enough reasons to stop him from having a good time. Juan had a bad feeling in his **heart**, that feeling we feel because of the anger. In that

Juan dijo: "Sí". Salió de su habitación y vio a su madre. Su madre lavó las últimas franelas y, en ese instante, caminó hacia la casa. Juan esperó a su madre. Ella entró a su habitación y estuvo mirando televisión durante muchas horas. Juan salió de la cocina, se golpeó el **codo**, y llegó al patio en donde estuvo su bicicleta durante mucho tiempo.

Juan la vio y se alegró. Sintió mucha alegría y una sensación extraña en su **estómago**, una sensación de adrenalina y de felicidad. Gotas de sudor cayeron de su **frente**, se subió a su bicicleta, y comenzó a manejar hacia la carretera principal. Estuvo muy feliz. Pedaleó con mucha fuerza. Se sintió como la primera vez, cuando su papá llegó con la bicicleta como regalo. En ese instante, Juan vio a algunos amigos. Ellos se acercaron, cuidadosamente, para no chocar a Juan. Ellos estuvieron sorprendidos porque Juan nunca salió a jugar durante los últimos días. Juan les dijo que su mamá le permitió, esta vez, salir a jugar.

moment, Juan came up with a plan in order to get out. His mother said: "No", but Juan said: "Yes". He went out of his room and saw his mother. His mother washed the last t-shirts and, in that moment, walked towards the house. Juan waited for his mother. She got in her bedroom and watched TV during a lot of hours. Juan came out of the kitchen, hurt his **elbow** and reach the backyard where his bicycle was during since a long time ago.

Juan saw it and rejoiced. He was very happy and had a weird sensation in his **stomach**, a sensation filled with adrenaline and happiness. Drops of sweat fell from his **forehead**; he got on his bicycle, and started to pedal to the main highway. He was very happy. He pedalled a lot. He felt as in the first time, when his father gave him the bicycle as a gift. In that very moment, Juan saw a couple of friends. They got closer, carefully, so they wouldn't crash towards Juan. They were surprised, because Juan never went out to play during the last days. Juan told them his mother

Manejaron durante muchos minutos, uno de ellos señaló la **muñeca** de Juan; su amigo sólo quiso saber la hora. Juan le dijo. Todos sus amigos decidieron ir a un pueblo cercano en bicicleta y regresar antes del atardecer. Juan quiso ir pero recordó en ese instante que algo malo hizo. Su madre estuvo en su cuarto cuando él salió, pero eso pudo cambiar, ella pudo salir y ver que Juan se fue de la casa, con su bicicleta, sin su permiso. Juan pensó en esto, y debido a los nervios, sintió su **músculo** tenso. Se desvió un poco y sus amigos lo miraron. Pero Juan los miró y dijo: "Nada pasó, tranquilos". Continuaron manejando y llegaron a un bosque.

Uno de sus amigos dijo que su padre utilizó ese bosque como atajo para llegar al pueblo. Todos asintieron y estuvieron dispuestos a cruzarlo. Juan no dijo una palabra, se limitó a asentir, aunque él no quiso ir a través de ese atajo, nunca dijo: "Sí". Comenzaron a pedalear, Juan lo hizo en contra de su voluntad. Después de varios minutos, Juan se cayó y se rasguñó el **muslo** y la **nariz**. Todos oyeron la caída y se preocuparon. Le preguntaron

allowed him to play, this time.

They drove during a lot of minutes, one of the pointed out Juan's **wrist**; his friend just wanted to know what time it was. Juan told him. All of his friends decided to go to a nearby town in bicycle, and they would return before sunset. Juan wanted to go but he remembered in that very moment that he did something wrong. His mother was in her bedroom and he came out, but this could change; she could get out and see that Juan left the place, without her permission. Juan thought about this and, due to his nervousness, he felt his **muscle** tense. He strayed a little and his friends looked at him. But, Juan saw them and said: "Nothing happened guys, relax", and they continued driving until they reached a forest.

One of his friends said his father used that forest as a shortcut to reach the town. Everyone nodded and was ready to cross it. Juan didn't say any word, he just

lo que pasó. Juan dijo que fue sólo un accidente y se rió. Las heridas no fueron graves, pero Juan en ese instante se preocupó más gracias a su madre.

Sus amigos se levantaron, dispuestos a seguir pero Juan se fue en dirección contraria, sin decir ninguna palabra. Pedaleó como nunca hacia su casa. Supo en ese instante que fue un error desobedecer a su madre. Pensó en ocultar las heridas pero no supo cómo hacerlo. Otra vez en la avenida principal, pensó que lo mejor fue siempre la honestidad. Su madre lo castigó muchas veces por mentir, esta vez quiso que las cosas cambiaran. Llegó al patio de su casa, dejo la bicicleta, y sintió un silencio enorme en la sala. Su **pecho** se infló porque no podía respirar y su **pelo** fue un desastre. La madre le preguntó por lo ocurrido, él le dijo la verdad, y la madre simplemente sonrió. Juan confirmó que la honestidad fue siempre la mejor opción.

nodded, although he didn't want to go through that shortcut, he never said: "Yes". They started pedalling and Juan did the same against his will. After a couple of minutes, Juan fell off his bicycle and scratched his **thigh** and **nose**. Everybody heard the fall and got worried. They asked him what just happened. Juan said it was just an accident and laughed. The injuries weren't bad, but Juan was even more worried because of his mother.

His friends stood up, willing to continue but Juan left them without saying any word. He pedaled as he never did before towards his house. He knew in that very moment that it was a mistake to disobey his mother. He wanted to hide the injuries but he did not know how to do it. Again on the main highway, he thought the best he could do is to be honest. His mother grounded him a lot whenever he lied; this time he wanted to change things. He arrived in his backyard, left his bicycle, and felt an enormous silence inside the living room. His **chest** inflated

because he couldn't breathe, and his **hair** was a mess. His mother asked him everything and he said the truth; his mother simply smiled. Juan confirmed that honesty was always the best choice.

Por favor responda las siguientes preguntas	Please answer the following questions
¿En dónde Juan sintió un malestar?	Where did Juan have a bad feeling?
¿En dónde se golpeó Juan su codo?	Where did Juan hurt his elbow?
¿En dónde Juan sintió una sensación extraña?	Where did Juan have a weird sensation?

¿De dónde cayeron las gotas de sudor?

From where did drops of sweat fall?

¿Qué señaló el amigo de Juan?

What did Juan's friend point out?

¿Qué tenía tenso Juan?

What did Juan feel tense?

¿Qué se rasguñó Juan?　｜　What did Juan scratch?

¿Qué hizo Juan en contra de su voluntad?　｜　What did Juan do against his will?

¿Cuál siempre la mejor opción?　｜　What was always the best choice?

¿Qué se infló cuando Juan llegó a su casa?
_____
_____
_____
_____
_____

What did inflate when Juan got home?
_____
_____
_____
_____
_____

Respuestas sugeridas	Suggested answers
¿En dónde Juan sintió un malestar?	Where did Juan have a bad feeling?
En el corazón.	In his heart.
¿En dónde se golpeó Juan su codo?	Where did Juan hurt his elbow?
En la cocina.	In the kitchen.
¿En dónde Juan sintió una sensación extraña?	Where did Juan have a weird sensation?
En el estómago.	In his stomach.
¿De dónde cayeron las gotas de sudor?	From where did drops of sweat fall?
De su frente.	From his forehead.
¿Qué señaló el amigo de Juan?	What did Juan's friend point out?
La muñeca de Juan.	Juan's wrist.
¿Qué tenía tenso Juan?	What did Juan feel tense?
Su músculo.	His muscle.

¿Qué se rasguñó Juan?	What did Juan scratch?
El muslo y la nariz.	His thigh and nose.
¿Qué hizo Juan en contra de su voluntad?	What did Juan do against his will?
Pedalear.	Pedalling.
¿Cuál siempre la mejor opción?	What was always the best choice?
La honestidad.	Honesty.
¿Qué se infló cuando Juan llegó a su casa?	What did inflate when Juan got home?
Su pecho.	His chest.

Lesson 6 :
Emily / Emily

Español
Emily

Vocabulario importante:
Adolescente
Adulto
Amable
Alegre
Cruel
Educado
Encantador
Feo
Gordo
Gracioso

English
Emily

Important vocabulary:
Teenager
Adult
Kind
Cheerful
Cruel
Polite
Charming
Ugly
Fat
Funny

Emily fue una **adolescente** bastante extraña. Nunca estuvo rodeada de muchas personas, nunca se sintió cómoda. Sus padres la cambiaron de escuela muchas veces. La niña siempre se aisló y nunca hizo amigos. Sus padres estuvieron preocupados y la llevaron a una psicóloga. La psicóloga dijo que Emily nunca tuvo ningún problema, todo estuvo siempre bien, pero que no fue correcto obligarla a

Emily was a pretty weird **teenager**. She was never surrounded by many people; she was never comfortable with it. Her parents sent her to lots of schools. The girl always isolated herself and never made any friends. Her parents were really worried and took her to a therapist. The therapist said Emily never had any problem, she was always good, but it wasn't right for her to stay in certain places and awful situations

estar en lugares y situaciones malas. Emily, por otra parte, también tuvo cierta tendencia a hacerse amiga de algún **adulto**. Sus padres estuvieron preocupados, pues la niña tuvo siempre que buscar amigos de su edad, y no adultos. Esto no ocurrió nunca con Emily. En todas las escuelas en donde estuvo, siempre se hizo amiga del conserje, algunos profesores, entre otros. Aunque hubo siempre mucha turbulencia en su vida, Emily estuvo siempre muy tranquila y feliz.

Sin embargo, esta vez la llevaron a otra escuela, por la misma razón que ya conocemos y Emily se sintió nerviosa, tuvo miedo por esta nueva escuela. Siempre estuvo nerviosa los primeros días en las nuevas escuelas, pero esta vez fue mucho peor. Al mismo tiempo, ella quiso cambiar las cosas y hacer amigos de su edad, aunque esto nunca funcionó. Llegó el día, despertó temprano, y sus padres la enviaron al colegio en un transporte privado. Cuando llegó a su primera clase, todos la miraron con una cara extraña. Emily estuvo siempre acostumbrada

against her will. Emily, on the other hand, was always inclined to be friends of any **adult**. Her parents were worried, because the girl had to look for friends of her same age, always, and not adults. This never happened with Emily. In every single school where she was, she always became friend of the janitor, some teachers, among others. Although there were always a lot of problems in her life, Emily was always very happy and relaxed.

Nevertheless, this time her parents took her to another school, because of the reasons we already know, Emily got very nervous, she was afraid due to this new school. She was always nervous during the first days in new schools, but this time everything was even worse. At the same time, she wanted to change everything and make friends of her same age, although this never worked out. The day arrived, she woke up early and her parents sent her to the school on private transportation. When she arrived, during the first class, all of her partners looked at her with a strange face. Emily

a esto, y una chica muy **amable** la invitó a tomar un asiento. Fue la primera vez que Emily recibe una invitación amable. Emily, de repente, se sintió muy **alegre** y las esperanzas dentro de ella nacieron una vez más.

Llegó la hora libre, todos fueron al comedor para desayunar y después salieron al patio para jugar hasta la próxima clase. La compañera de Emily fue estupenda y amable. Deseó el mismo saludo y amabilidad por parte de todos. Pero, esto no ocurrió. Mientras jugaba en el patio con su nueva amiga, un niño muy **cruel** se acercó e intentó intimidar a Emily, sin embargo, su compañera nueva se entrometió en el asunto y el niño cruel se fue. Emily se sintió mal una vez más, supo que, esta vez, en el colegio nuevo y en su vida, nada cambió. En ese instante, se acercó otro niño y Emily estuvo a punto de empujarlo, pero este niño fue muy **educado** y le ofreció un caramelo. Desde ese momento, Emily pensó: "Hice dos nuevos amigos hoy". La hora libre terminó y todos se dirigieron a su

was always used to this and a very **kind** girl invited her to take a sit. It was the first time Emily received a lovely invitation. Emily, suddenly, felt really **cheerful** and her hopes inside of her were born once more.

Recess arrived, everyone went to the school canteen and then they went to the backyard in order to play until the next class. Emily's new partner was incredible and lovely. Emily wished the same greetings and kindness from the rest, but this didn't happen. While she played in the backyard with her new friend, a very **cruel** kid got close and tried to intimidate Emily; nevertheless, her new partner protected Emily and the cruel kid left. Emily felt herself bad once more and knew that, this time, in this new school and life, nothing changed. In that very moment, another kid got close and Emily was about to push him, but this kid was very **polite** and offer her a candy. Since then, Emily thought: "I made two new friends today". Recess finished and everyone went to the next class.

próxima clase.

Aunque Emily hizo dos amigos, no sintió satisfecha con las clases. Ella fue siempre una buena estudiante, pero esta vez ninguna clase llamó su atención. De repente, entró el profesor de inglés, y a Emily le pareció **encantador**. Su clase fue magnífica, Emily estuvo fascinada durante toda la clase. Ella siempre quiso aprender inglés y su nuevo profesor revivió el amor que ella sintió siempre por el idioma. Después de esa clase, apareció el profesor de castellano. El profesor de castellano era muy **feo**. Emily no paró de pensar en eso. Era horrible. Sin embargo, meses más tarde, Emily supo que aquel hombre sí fue un excelente profesor para ella.

Su primer día de escuela terminó, esperó el transporte privado y se dirigió a su casa. Se sintió muy feliz. Su madre le preguntó sobre la escuela y ella le habló de su amiga nueva, de su compañero educado, de su maravilloso profesor de inglés, y de su feo profesor de castellano. Su madre se rio con aquella

Although Emily made two friends, she didn't feel satisfied with the classes. She was always a good student but this time no class caught her attention. Suddenly, the teacher got in and Emily thought he was **charming**. Her class was magnificent. Emily was fascinated with the entire class. She always wanted to learn English and her new teacher revived the love she felt for that language. After that class, the Spanish teacher appeared. The Spanish teacher was very **ugly**. Emily didn't stop thinking about it. He was horrible. Nevertheless, after a couple of months, Emily new that that man was actually an excellent teacher for her.

Her first day finished, she waited this private transportation and went to her house. She felt very happy. Her mother asked her about the school and spoke about her new friend, her kind partner, her marvelous English teacher, and her ugly Spanish teacher. Her mother laughed with that description. Emily said what her friends told her; that teacher was

descripción. Emily dijo lo que sus compañeras le contaron; ese profesor siempre estuvo muy **gordo**, desde hace mucho tiempo. Pero, Emily admitió que el profesor fue muy **gracioso** durante toda la clase. Gracias a ello, Emily disfrutó su primer día de clases.

always very **fat**, since a longtime ago. But, Emily admitted that that teacher was very **funny** during the entire class. And Emily enjoyed her first day in that school because of it.

Por favor responda las siguientes preguntas	Please answer the following questions
¿Cómo era Emily?	How was Emily?
¿Quiénes eran los amigos de Emily?	Who were Emily's friends?
¿Qué usó Emily para llegar a su escuela?	What did Emily take to get to school?

¿Quién invitó a Emily a tomar un asiento?

Who invited Emily to take a sit?

¿Quién intentó intimidar a Emily?

Who tried to intimidate Emily?

¿Cuántos amigos hizo Emily?

How many friends did Emily do?

¿Cómo era el profesor de inglés?	How was the English teacher?
¿Cómo era el profesor de castellano?	How was the Spanish teacher?
¿Cómo se sintió Emily cuando regresó de su primer día de clases?	How did Emily feel in her first day?
¿Qué hizo su madre cuando Emily terminó de contarle todo sobre su primer día en la escuela?	What did her mother do when Emily stopped telling her everything about her first day at school?

Respuestas sugeridas	Suggested answers
¿Cómo era Emily?	How was Emily?
<u>Era una adolescente bastante extraña.</u>	<u>She was a pretty weird teenager.</u>
¿Quiénes eran los amigos de Emily?	Who were Emily's friends?
<u>Adultos usualmente.</u>	<u>Usually adults.</u>
¿Qué usó Emily para llegar a su escuela?	What did Emily take to get to school?
<u>Transporte privado.</u>	<u>Private transportation.</u>
¿Quién invitó a Emily a tomar un asiento?	Who invited Emily to take a sit?
<u>Una chica muy amable.</u>	<u>A very kind girl.</u>
¿Quién intentó intimidar a Emily?	Who tried to intimidate Emily?
<u>Un niño muy cruel.</u>	<u>A very cruel kid.</u>
¿Cuántos amigos hizo Emily?	How many friends did Emily do?
<u>Dos.</u>	<u>Two.</u>

¿Cómo era el profesor de inglés?	How was the English teacher?
Encantador.	Charming.
¿Cómo era el profesor de castellano?	How was the Spanish teacher?
Muy feo.	Very ugly.
¿Cómo se sintió Emily cuando regresó de su primer día de clases?	How did Emily feel in her first day?
Muy feliz.	Very happy.
¿Qué hizo su madre cuando Emily terminó de contarle todo sobre su primer día en la escuela?	What did her mother do when Emily stopped telling her everything about her first day at school?
Se rió mucho.	She laughed a lot.

Lesson 7:
Nuevo trabajo / New job

Español	English
Nuevo trabajo	**New job**
Vocabulario importante:	**Important vocabulary:**
Arrogante	Arrogant
Apuesto	Handsome
Atractiva	Attractive
Obediente	Obedient
Calvo	Bald
Delgado	Thin
Distraída	Distracted
Divertido	Funny
Lista	Smart
Loco	Crazy

Diana nunca estuvo tan nerviosa antes. Tuvo una entrevista de trabajo que resultó exitosa. Se sintió feliz cuando supo la noticia pero también nerviosa. Siempre trabajó desde casa, nunca con otras personas. Por ello, cuando consiguió el empleo, no se sintió lista para empezar. Ella sintió que sus inseguridades fueron siempre una tontería porque siempre fue muy buena en su trabajo. Sus inseguridades se	Diana was never that nervous before. She had a job interview that happened to be successful. She felt happy when she knew it but she was also nervous. She always worked from home; she was never with other people. That's why, when she got the job, she didn't feel ready to start. She felt her insecurities were always stupid, because she always very good at what she does. Her insecurities developed themselves a long

desarrollaron mucho tiempo atrás, en su infancia, y ella cargó esas inseguridades hasta el día de hoy. Trabajó siempre desde casa porque no soportó nunca a muchas personas. Sin embargo, el momento llegó, consiguió el trabajo. Ella siempre quiso cambiar esa parte insegura aunque nunca supo cómo hacerlo. Ahora consiguió la oportunidad. La persona que la entrevistó fue un poco **arrogante** con ella. Por eso, cree Diana, se sintió muy insegura desde el inicio. Pero, recordó que no todas las personas fueron siempre arrogantes con ella, siempre hubo una variedad. Durante el primer día, hizo su primer amigo, y fue un hombre bastante **apuesto**.

Diana no pudo creerlo. Su inseguridad se borró desde un inicio. Lo primero que le sorprendió en aquella oficina fue la variedad de personalidades y características allí. Vio personas muy diferentes y todos trabajaron siempre juntos, sin importar las diferencias. Diana, aunque se sintió rara, pensó que ella fue siempre una gran persona y quiso unirse al equipo.

time ago, in her childhood, she carried those things until today. She worked always from home because she never tolerated a lot of people. Nevertheless, the moment arrived, and she got the job. She always wanted to change that weak part of hers but she never knew how to do it. Now she got the chance. The person that interviewed her was a little bit **arrogant** towards her. That's why; Diana believed she felt really insecure since the very beginning. But, she remembered that not everyone was arrogant with her, there was always certain variety. During the first day, she made her first friend and he was rather **handsome**.

Diana couldn't believe it. Her insecurity was erased since the very beginning. The first thing that shocked her in that office was the different personalities and features there. She saw different people and everyone worked together, no matter the differences. Diana, in despite of feeling weird, thought that she was always a great person and she wanted to be part of the group. After a couple of

Minutos después, conoció a su primera amiga, una muchacha joven y muy **atractiva**. A pesar de todas las diferencias, hubo algo que le llamó la atención a Diana desde el inicio, todos fueron muy **obedientes** siempre.	minutes, she made her new friend, a young and **attractive** girl. In despite of the differences, there was something that caught Diana's attention since the very beginning; all of them were very **obedient**.
En cierto momento, Diana incluso olvidó que aquel era su primer día de trabajo. Se enfocó mucho en su actividad que olvidó el presente. Y, aunque ella no lo notó, todos admiraron su buen trabajo desde el inicio. Una de las personas más importantes en esa oficina, un hombre **calvo**, se acercó a ella y la felicitó, le dijo que hizo un buen trabajo. Ella estuvo perpleja pero agradeció aquellas amables palabras. Diana estuvo muy emocionada, el corazón le latió muy fuerte, todo salió a la perfección. En ese momento, llegó la hora del almuerzo y un muchacho alto y **delgado** la invitó a sentarse junto a él. Ella fue y conversaron mucho durante la hora del almuerzo. Ambos conversaron sobre sus almuerzos, libros, y películas. En ese instante, Diana sintió una atracción por aquel muchacho. Después, se sorprendió de la rapidez de	In certain moment, Diana even forgot that that was her first day. She focus on her activity that much that she forgot the present. Also, although she didn't notice, all of them admired her good job since the very beginning. One of the most important people in that office, a **bald** man, got closer and congratulated her; he said that she made a good job. She was shocked but thanked those kind words. Diana was very excited, her heart beat a lot and everything turned out to be perfect. In that very moment, lunch time arrived and a tall and **thin** guy invited her to sit beside him. She accepted and they ended up talking a lot during lunchtime. They both talked about their lunch, books, and movies. In that moment, Diana felt certain attraction for him. After that, she was shocked due to the quick events in front of her eyes. Lunch time finished and

los eventos. La hora del almuerzo terminó y todos regresaron a sus trabajos.

Diana regresó a su oficina y notó a alguien sentado allí. Ella se sintió confusa. Esta persona se presentó ante ella. El muchacho confesó que no se presentó cuando ella entró, unas horas antes, porque siempre fue una persona muy **distraída**. Y se disculpó por ello. A Diana le sorprendió la elocuencia de aquel muchacho. El muchacho continuó hablando y ella lo escuchó con mucha atención. En cierto momento, ella sintió aquel discurso como algo muy **divertido** y, de repente, empezó a reír. Ahora fue el turno del muchacho de sentirse confuso y perplejo. Él se despidió, las risas se apagaron, y cada quien regresó a su tarea.

Diana continuó con su trabajo. Estuvo durante muchas horas muy entretenida. Las horas pasaron y llegó la hora de salida. Antes de salir, sus nuevos compañeros de trabajo se acercaron y la invitaron a tomar una copa. Pero, ella rechazó la

everyone returned to their jobs.

Diana returned to her office and noticed someone sitting there. She was confused. And then this person introduced himself. The guy confessed that he didn't introduce himself before when she came in, a couple of hours before, because he was always a very **distracted** person. He apologized. Diana was shocked because of the fluency of that guy. This guy continued talking and she listened to him carefully. In certain moment, she felt that speech as something really **funny** and, unexpectedly, started to laugh. Now it was the turn of that boy to be really confused and perplexed. He said "good bye" and the laugh turned off; each one of them returned to their task.

Diana continued her job. She was very entertained during a lot of hours. The hours elapsed and the end of the day arrived. Before going out, her new partners got close and invited her to have a drink. But, she rejected that invitation because she never

invitación ya que a ella no le agradó nunca el alcohol. Uno de ellos le dijo que era muy **lista**. Ella agradeció, sonrió, y se fue su casa. Durante toda la noche, le contó a su mejor amiga lo que ocurrió, sus raros compañeros de trabajo y el buen ambiente laboral. Pero, Diana estuvo feliz. Su amiga dijo: "Fue un día bastante **loco**".

liked drinking alcohol. One of them said she was very **smart**. She thanked that, smiled, and went home. During the night, she told her best friend everything about that day, her weird co-workers, and the good environment. But Diana was happy. Her friend said: "It was a **crazy** day".

Por favor responda las siguientes preguntas	Please answer the following questions
¿Cómo fue la persona que la entrevistó?	How was the person that interviewed her?
¿Cómo fue su primer amigo?	How was her first friend?
¿Cómo era su primera amiga?	How was her first girl friend?

¿Cómo fueron todos?

How were all of them?

¿Cómo era el hombre que felicitó a Diana?

How was the man that congratulated her?

¿De qué habló Diana con el chico que estaba junto a ella?

About what did Diana talk with the boy beside her?

¿En dónde encontró Diana al chico?

Where did Diana find the guy?

¿Cómo era el chico que estaba en su oficina?

How was the guy in her office?

¿Cómo fue el día según su amiga?

How was the day according her friend?

¿Qué le dijo su compañero antes de salir?

What did his partner told her before going out?

Respuestas sugeridas	Suggested answers
¿Cómo fue la persona que la entrevistó?	How was the person that interviewed her?
Un poco arrogante.	A little bit arrogant.
¿Cómo fue su primer amigo?	How was her first friend?
Bastante apuesto.	Very handsome.
¿Cómo era su primera amiga?	How was her first girl friend?
Muy atractiva.	Very attractive.
¿Cómo fueron todos?	How were all of them?
Muy obedientes.	Very obedient.
¿Cómo era el hombre que felicitó a Diana?	How was the man that congratulated her?
Calvo.	Bald.
¿De qué habló Diana con el chico que estaba junto a ella?	About what did Diana talk with the boy beside her?
De sus almuerzos, películas, y libros.	About their lunch, books, and movies.

¿En dónde encontró Diana al chico?	Where did Diana find the guy?
En su oficina.	In her office.
¿Cómo era el chico que estaba en su oficina?	How was the guy in her office?
Era muy distraído.	He was very distracted.
¿Cómo fue el día según su amiga?	How was the day according her friend?
Loco.	Crazy.
¿Qué le dijo su compañero antes de salir?	What did his partner told her before going out?
Que era muy lista.	That she was very smart.

Lesson 8:
Pedro entendió al amor / Pedro understood love

Español	English
Pedro entendió al amor	**Pedro understood love**

Vocabulario importante: / **Important vocabulary:**

Aburrido	Bored
Alegría	Joy
Ansiedad	Anxiety
Asombrado	Amazed
Desdichado	Unhappy
Egoísta	Egoist
Enfadado	Angry
Furioso	Furious
Ira	Anger
Miedo	Fear

Pedro siempre estuvo **aburrido** en la escuela. Nunca hizo muchos amigos. Aunque, estuvo siempre conforme con pocos amigos. Siempre prefirió quedarse en casa, con sus videojuegos, y sus películas. Nunca se sintió atraído por nadie. Desarrolló una indiferencia enorme hacia muchas cosas. Sus padres estuvieron preocupados durante mucho tiempo, pero siempre olvidaron el asunto cuando lo vieron jugando con

Pedro was always **bored** at school. He never made lots of friends. Nevertheless, he always used to have just a couple of friends. He always preferred staying at home, with his videogames, and his movies. He never felt attracted by anyone. He developed an enormous indifference towards many things. His parents were very busy during a long time, but they forgot the matter when they saw him playing with his

sus videojuegos. Pedro fue siempre una persona muy pacífica y tranquila, sintió siempre mucha **alegría**. Nunca le hizo daño a nadie. Nunca pensó atravesar los mismos problemas que muchos niños en su escuela atravesaron. Pero, lo que nadie supo nunca, es que Pedro quiso algo más. Él estuvo siempre muy aburrido, quiso algo nuevo, quiso sentirse feliz. En ese momento fue cuando vio al amor de su vida, una hermosa chica llamada María. Pedro vio a María por primera vez y la felicidad fue automática. Pensó: "Te estuve esperando mucho tiempo".

Sin embargo, Pedro desarrolló una timidez que siempre fue difícil de superar. El pasó mucho tiempo en casa, mucho tiempo solo, esto ayudó a que esa timidez creciera a unos niveles muy altos. Por ello, se preocupó mucho, porque quiso hablar con María pero las palabras nunca salieron de su boca. Cerca de ella sintió una **ansiedad** enorme; por ello sintió que ella fue siempre la chica indicada. La primera vez que la vio él estaba **asombrado**. Nunca conoció

videogames. Pedro was always a pacific and relaxed person; he felt always a lot of **joy**. He never hurt anyone. He never thought he would go through the same problems lots of kids at school went through. But, what no one knew before was that Pedro wanted something else. He was always very bored, he wanted something else, and he wanted to feel happy. In that very moment, he saw the love of his life, a beautiful girl called María. Pedro saw María for the first time and happiness came in fast. He thought: "I waited for you since a long time ago.

Nevertheless, Pedro developed certain shyness that was really difficult to overcome. He spent a lot of time at home, a lot of time by his own; this helped that shyness grow up a lot. That's why, he got really worried, because h wanted to talk to María but words didn't come out of his mouth. Near her he felt an enormous **anxiety**, that's why he felt she was the right one. The first time he saw her he was **amazed**. He never met a girl as beautiful as she was. He couldn't hide

antes a una chica tan bonita como ella. No pudo ocultarlo, fue amor a primera vista. Vio a muchos de sus amigos enamorados y se sintió igual, se sintió enamorado de María.

Por otra parte, Pedro sintió mucho terror porque muchos de sus amigos enamorados eran muy **desdichados**. El nunca comprendió la razón. Para Pedro, el amor siempre fue algo bonito, algo hermoso. Él jamás experimentó estar enamorado. El amor fue algo que él vio en videojuegos y algunas películas, pero él no conoció nunca al amor. Además de eso, él vio que el amor los convertía a todos en personas **egoístas**. En ese instante, Pedro comenzó a cuestionarse todo lo que pensó alguna vez sobre el amor. Al mismo tiempo, él, muchas veces, se sintió mal. Sintió que sufría mucho por una persona que vio pasar, con una persona con quien nunca habló. María nunca le dijo una palabra. El tuvo miedo siempre de hablarle, el miedo que sentimos todos cuando tuvimos a la persona que amamos frente a nosotros.

it; it was love at first sight. He saw his friends being in love and he felt the same, he loved María.

On the other hand, Pedro felt a lot of terror because a lot of his friends were **unhappy**. He never understood the reason. To Pedro, love was something really cute, something beautiful. But he was never in love in order to understand it. Love was something he saw on videogames and some movies, but he never met love. Also, he saw that love converted everyone into **egoist** people. In that very moment, Pedro started questioning everything he once thought about love. At the same time, he felt bad, lots of times. He felt he suffered a lot because of person that just saw passing by, a person he never talked to. María never gave him any word. He was afraid of talking to her, the fear we all feel when we had someone we loved in front of us.

Pedro felt himself **angry**.

Pedro se sintió **enfadado**. Por ello, decidió hablar con su madre para buscarle una solución a todo este asunto. Sus padres se casaron desde muy jóvenes, su relación fue siempre preciosa. Su madre le dijo a Pedro lo que debió hacer desde un inicio, aunque Pedro no se atrevió nunca. Su madre dijo que sentir pánico fue inútil. Pedro agradeció aquellos consejos y se dirigió a su habitación. Estuvo dando muchas vueltas en su habitación. Ideó un plan muy bueno, aunque fue un plan muy arriesgado. Sin embargo, emocionado por las palabras de su madre, no pudo ocultar las ganas de querer llevar a cabo aquel plan. Durante el resto de la noche, se sintió **furioso**, quiso llorar, pero al final pudo dormir tan bien como un bebé.

Pedro fue a la escuela. No vio a María por ningún lado y comenzó a preocuparse. Sintió mucha **ira** dentro de él. No estaba furioso con María, estaba furioso con él mismo. Entró a su primer clase, pasaron varias horas, y al final de la clase tampoco vio a María. Sintió **miedo**, pensó que algo le ocurrió. En la hora

That's why he decided to talk with his mother in order to look for a final solution. His parents got married at a very young age; their relationship was always really precious. His mother told Pedro what he had to do since the very beginning, but never dared to do it. His mother told him that feeling panic was useless. Pedro thanked those pieces of advice and went to his bedroom. He was walking in circles and a really good but risky plan popped out of his mind. However, excited after the words of his mother, he couldn't hide the excitement he had in order to accomplish his goals. During the rest of the night, he was **furious**, he wanted to cry, but he slept as a baby at last.

Pedro went to the school. He didn't saw María anywhere and started to worry. He felt **anger** inside of him. He was not furious towards María, he was furious against himself. He went to his first class and many hours elapsed. At the end of the class, he didn't saw María either. He felt **fear**, he thought something wrong

de la salida, la encontró al cruzar la calle, y le dijo lo que planeó un día anterior: "Hola". María sonrió, también lo saludó, y se hicieron muy amigos desde ese momento. Muchos años después, se hicieron novios. Pedro fue muy feliz.

happened. At the end of the day, he found her when crossing the street and said what he planned a day before: "Hi". María smiled, she greeted and became really good friends since that very moment. Years after that, they became a couple. Pedro was really happy.

Por favor responda las siguientes preguntas

¿Cómo estuvo Pedro siempre en la escuela?

_____
_____
_____
_____
_____
_____

¿Cómo se llama el amor de la vida de Pedro?

_____
_____
_____
_____
_____

¿Qué sintió Pedro cerca de María?

_____
_____
_____
_____
_____
_____

Please answer the following questions

How was always Pedro at school?

_____
_____
_____
_____
_____

How is called the love of Pedro's life?

_____
_____
_____
_____
_____
_____

What felt Pedro near María?

_____
_____
_____
_____
_____
_____

¿En dónde desarrollo Pedro su timidez?

_____
_____
_____
_____
_____

Where did Pedro develop his shyness?

_____
_____
_____
_____
_____

¿En qué convertía el amor a las personas?

_____
_____
_____
_____

Into what did love convert people?

_____
_____
_____
_____
_____

Cómo estaban los amigos de Pedro?

_____
_____
_____
_____
_____

How were Pedro's friends?

_____
_____
_____
_____

¿Cómo durmió Pedro al final?

How did Pedro sleep at last?

¿Cómo era la relación de sus padres?

How was his parent's relationship?

¿Qué sintió Pedro dentro de él?

What did Pedro feel inside of him?

¿Qué le dijo Pedro a María?

What did Pedro said to María?

Respuestas sugeridas	Suggested answers
¿Cómo estuvo Pedro siempre en la escuela? Aburrido.	How was always Pedro at school? Bored.
¿Cómo se llama el amor de la vida de Pedro? María.	How is called the love of Pedro's life? María.
¿Qué sintió Pedro cerca de María? Una enorme ansiedad.	What felt Pedro near María? An enormous anxiety.
¿En dónde desarrollo Pedro su timidez? En casa.	Where did Pedro develop his shyness? At home.
¿En qué convertía el amor a las personas? En egoístas.	Into what did love convert people? Into egoist people.
Cómo estaban los amigos de Pedro? Desdichados.	How were Pedro's friends? Unhappy.

¿Cómo durmió Pedro al final?	How did Pedro sleep at last?
Como un bebé.	As a baby.
¿Cómo era la relación de sus padres?	How was his parent's relationship?
Preciosa.	Precious.
¿Qué sintió Pedro dentro de él?	What did Pedro feel inside of him?
Ira.	Anger.
¿Qué le dijo Pedro a María?	What did Pedro said to María?
"Hola".	"Hi".

Section III: The verb "presente del subjuntivo" and "condicional"

Lesson 9:
La cita de Daniel / Daniel's date

Español	English
La cita de Daniel	**Daniel's date**

Vocabulario importante: | **Important vocabulary:**

Agua mineral	Mineral water
Cerveza embotellada	Bottled beer
Café	Coffee
Café Irlandés	Irish coffee
Champaña	Champagne
Chocolate caliente	Hot chocolate
Jugo	Juice
Leche	Milk
Jugo de naranja	Orange juice
Ron	Rum

Me alegraré de que ella venga, dijo el hombre sentado en aquel restaurant. Se va alegrar cuando ella llegue al restaurante. Hace mucho no ha tenido una cita a ciegas y cuando ella acepte la primera bebida, él estará muy feliz. Se ha sentido muy feliz, hará lo mejor posible para dar una buena impresión, aunque vea que la cita vaya bien o no. Cuando ella se vaya, él estará feliz igual, porque habrá dado lo mejor de sí. Aunque a veces	I'll be happy when she comes, said the man sitting at that restaurant. He will be happy when she arrives at the restaurant. Since a long time he hasn't had a blind date and when she accepts the first drink, he will be very happy. HE has felt very happy, he'll do the best he can to give a good impression, although she sees the date going good or wrong. When she leaves, he will still be happy because he would

estaba un poco pesimista porque su vida amorosa no fue la mejor; esta vez, se ha alegrado de sentirse optimista, y no se arrepentirá. Cuando el mesero se acerque, él pedirá **agua mineral**. A él le gustará tomar mucha agua cuando se sienta muy nervioso. Quizá ella pida **cerveza embotellada**, eso seguramente la hará feliz y él probablemente se sienta a gusto con esa elección.

Aunque Daniel no quiera tomar **café**, el mesero le ofrecerá. Es normal que un mesero ofrezca café pues es la bebida típica para una cita o cualquier tipo de reunión. Mientras haya café en el termo, el mesero siempre caminará hacia las mesas para llenar las tazas de todos allí. Daniel ha tomado mucho café en su vida, pero quizá a su cita le guste; si es así, Daniel estará contento por eso. Nunca había estado tan emocionado por una cita y mientras ella llega, Daniel pensará sobre todo lo que deberá decir y cómo deberá actuar cuando ella llegue. El padre de Daniel era irlandés y una vez Daniel tomó **café irlandés**; quizá Daniel

have given the best he could. Although, sometimes, he was a little bit pessimist, because his love life wasn't the best, this time he has gotten happy when feeling optimistic, and he won't regret. When the waiter comes in, he will ask for **mineral water**. He will love drinking a lot of water when feeling nervous. Maybe she would ask for **bottled beer**, probably that will make her happy and he would probably feel good with that choice.

Even though Daniel doesn't want to drink **coffee**, the waiter would offer it. It's normal for waiters to offer coffee because it's the typical beverage for a date or any sort of gathering. While there is coffee inside the thermos, the waiter will always walk towards the tables to fill everyone's cups. Daniel has drunk a lot of coffee in his life, but maybe his date would like it; if so, Daniel will be happy for it. He has never been that excited just because of a date and while she comes, Daniel will think about what he should say and how to act when she arrives. Daniel's father was Irish and,

compre café irlandés si es que hay ese tipo de café en ese restaurante.

Por otra parte, también puede que el mesero les dé **champaña** si se hace de noche en aquel restaurante. La champaña siempre será importante mientras sea de noche y haya una cita, todos los meseros saben eso. Daniel no quería llevar champaña a la primera cita, aunque sea de noche; no era la mejor ocasión para hacerlo. Estaba muy optimista y aunque se sienta muy bien como para dar un paso y tomar decisiones con respecto a su cita, quería que todo saliese bien esta vez. Además, quizá a ella no le guste la champaña, quizá sólo quiera **chocolate caliente**. Lo mejor será esperar y Daniel se alegrará de que así suceda. Después de pensar todo esto, se dio cuenta de que no había pensado en lo que el tomará; aunque tome agua, sólo le importará estar con ella después de todo. Tenía muchas ganas de encontrar una chica, desde hace mucho tiempo, y aunque sea una cita a ciegas, tenía muchas esperanzas en esta cita.

once, Daniel drank **Irish coffee**; maybe Daniel will buy Irish coffee if there's that type of coffee in that restaurant.

On the other hand, maybe the waiter would give them **champagne** if it gets dark in that restaurant. The champagne will always be important while it gets dark and there is a date, every waiter knows that. Daniel didn't want to bring champagne to the first date, even though at night, it wasn't the best occasion to do it. He was very optimistic and, even though he feels really good in order to give a step forward and make a decision regarding his date, he wanted everything to turn out good this time. Also, maybe she doesn't like champagne, maybe she just wants **hot chocolate**. The best will be to wait and Daniel will be happy if that happens. After thinking about these things, he realized he hasn't thought of what he would drink; although he drinks water, the only thing he will care for will be being with her after all. He really wanted to find a girl, since a long time ago, and,

Quizá Daniel sólo pida un **jugo** después del agua. Será bueno que tome algo saludable y que lo haga sentir bien durante la cita. Ha tenido malas experiencias en muchas citas y, aunque quiera a veces tomar alguna otra cosa, será mejor que tome agua o jugo de naranja. Además, él no quería engañarse, aunque él tome eso o coma cualquier cosa, sólo le importa la opinión de ella durante la cita. Lo que sí no quería tomar era **leche**, es imposible que tome leche en cualquier situación en la que se encuentre; jamás le gustó la leche.

Daniel le dijo que lo llamara tan pronto como salga del trabajo, pero él no ha recibido ninguna llamada. Cuando Daniel se pone nervioso, comienza a golpear la mesa, de forma muy rápida, con sus dedos. Pidió un **jugo de naranja** y miraba por la ventana esperándola; quizá la vea pasar, en la lejanía, por aquel camino. De repente, recibió un mensaje de ella: "No iré hoy, lo siento". Daniel leyó el mensaje y pensó que, aunque pida **ron** para

even though it is a blind date, he was hoping for the best.

Maybe Daniel will just ask a **juice** after his water. It'll be good for him to drink something healthy and that makes him feel good during the date. He has had awful experiences in several dates and, although he wants to drink, sometimes, something else, it'll better for him to drink water or orange juice. Also, he doesn't want to lie to himself, although he drinks that or eats anything else, he would just listen to her opinion during the date. What he didn't want to drink was **milk**, it was impossible for him to drink milk in any situation he's in, he never liked milk.

Daniel told her to call him as soon as he finishes his job, but he hasn't received any call. When Daniel gets nervous, he starts beating the table, fast, with his fingers. He asks an **orange juice** and looked through the window waiting for her, maybe he will see her passing by, at a distance, though that way. Suddenly, he received a

tranquilizarse, no podrá evitar llorar porque su cita no vino.

message from her: "I won't go today, I am sorry." Daniel saw the message and thought that, although he asks for **rum** in order to calm down, he won't help but cry because his date didn't come by.

Por favor responda las siguientes preguntas	Please answer the following questions
¿Cuándo se alegrará él?	When will he be happy?
¿Qué pedirá él?	What will he ask?
¿Qué le ofrecerá el mesero a Daniel?	What would the waiter offer Daniel?

¿Qué tomó Daniel una vez?	What did Daniel drink once?
¿Qué no quería llevar Daniel a la primera cita?	What didn't Daniel want to bring to the first date?
¿De qué tenía ganas Daniel?	What did Daniel want?
¿En dónde ha tenido Daniel malas experiencias?	Where has Daniel have awful experiences?

¿Qué no quería tomar Daniel?

What didn't Daniel want to drink?

¿Qué golpea Daniel cuando se pone nervioso?

What does Daniel beat when he gets nervous?

¿Por dónde miraba Daniel?

Where was Daniel looking through?

Respuestas sugeridas	Suggested answers
¿Cuándo se alegrará él?	When will he be happy?
<u>Cuando ella llegue al restaurant.</u>	<u>When she comes.</u>
¿Qué pedirá él?	What will he ask?
<u>Agua mineral.</u>	<u>Mineral water.</u>
¿Qué le ofrecerá el mesero a Daniel?	What would the waiter offer Daniel?
<u>Café.</u>	<u>Coffee.</u>
¿Qué tomó Daniel una vez?	What did Daniel drink once?
<u>Café irlandés.</u>	<u>Irish coffee.</u>
¿Qué no quería llevar Daniel a la primera cita?	What didn't Daniel want to bring to the first date?
<u>Champaña.</u>	<u>Champagne.</u>
¿De qué tenía ganas Daniel?	What did Daniel want?
<u>De encontrar una chica.</u>	<u>He wanted to find a girl.</u>

¿En dónde ha tenido Daniel malas experiencias?	Where has Daniel have awful experiences?
En muchas citas.	In several dates.
¿Qué no quería tomar Daniel?	What didn't Daniel want to drink?
Leche.	Milk.
¿Qué golpea Daniel cuando se pone nervioso?	What does Daniel beat when he gets nervous?
La mesa.	The table.
¿Por dónde miraba Daniel?	Where was Daniel looking through?
Por la ventana	Through the window.

Lesson 10:
José no ama las fiestas /
José doesn't love parties

Español	English
José no ama las fiestas	**José doesn't love parties**
Vocabulario importante:	**Important vocabulary:**
Vino tinto	Red wine
Vodka	Vodka
Soda	Soda water
Refresco	Soft drink
Limonada	Lemonade
Cerveza	Beer
Ginebra	Gin
Vino	Wine
Coctel	Cocktail
Té	Tea
Aunque José no ame las fiestas, esta vez aceptó ir a una. Mientras se vaya a divertir, él siempre aceptará cualquier invitación. Tenía ciertas dudas, sin embargo sus amigos se alegrarán de que salga de su casa y finalmente se divierta haciendo algo más que leer en su casa. José se sentía muy feliz con la idea. Después de vestirse, se ha quedado esperando a que lo vengan a buscar; estaba acostumbrado	Although José doesn't love parties, this time he accepted to go to one. While he's having fun, he will always accept any invitation. He had certain doubts, however his friends will be happy to see him leaving his house and having some fun doing something more than reading at home. José was really happy with the idea. After getting dressed, he had stayed waiting for them to pick him up, he was used to

a que lo busquen y lo traigan cada vez que iba a salir y siempre sentía mucha ansiedad por ello. Cuando llegue a la fiesta, se sentirá intranquilo por la misma razón, pero será necesario que se calme. Cuando llegó, algunas personas le ofrecieron **vino tinto** y él lo rechazó. Probablemente se arrepienta en unos minutos, pero pensó que era mejor rechazarlo; no sentía muchas ganas. Quizá pueda beber cualquier otra cosa, como **vodka**. Pero, cuando llegó a la mesa en donde estaba el vodka, pensó: "Quizá tome otra cosa, es mejor que hoy no tome vodka". Mientras todos bailen tanto como puedan, José se sentaría en el sofá, esperando y buscando alguna diversión en medio de la fiesta.

En cierto momento comenzó a tener sed, y aunque no quiera ir a beber alcohol, quizá sea mejor que vaya a buscar algo para beber, aunque sea agua, para calmar su sed. Abrió el refrigerador y encontró **soda**. También encontró **refresco**. Aunque no sea amante del refresco, sabía que eso calmaría su sed. Las burbujas y todo el gas lo refrescarían aunque él nunca beba

that every time he was going out and he was always anxious because of it. When he arrives at the party, he would feel uneasy by the same reason, but it will be necessary to calm down. When he arrived, some people offered him **red wine** and he rejected it. Probably he regrets in a couple of minutes, but he thought it was for the best to reject it, he didn't feel like it. Maybe he can drink any other think, like **vodka**. But, when he went to the table where the vodka was, he thought: "Perhaps I can drink something else, it'll be better for me not to drink vodka." While everyone dances as much as they can, José will sit on the sofa, waiting and looking for fun in the middle of the party.

At some point he started to feel thirsty, and although he doesn't want to go and drink alcohol, maybe it'll better to look for something to drink, even though it is water, to eliminate his thirst. He opened the refrigerator and found **soda water**. He also found **soft drink**. Although he is not a soft drink lover, he knew that that would calm

refresco. Sacó el refresco y lo bebió. Ciertamente se alegró de que el refresco calme su sed. Se dirigía al cuarto cuando alguien tomó su mano, quizá quería que bailaran con él y así fue. Él nunca fue un bailarín y rechazó la invitación aunque quería bailar. Soltó la mano que lo sujetaba y se fue hacia una habitación.

Allí, supo que, aunque se quede solo, el ruido de la fiesta lo perturbaría. Aunque no pueda, tiene que tranquilizarse. Pero, algo le alegró; en el cuarto encontró un refrigerador pequeño, lo abrió y encontró una **limonada**: "Quizá esto esté mucho mejor para mí". Tomó la limonada y veía televisión; aunque no pueda escuchar ningún sonido proveniente del televisor. De repente, alguien entró al cuarto, diciéndole: "Quizá esto te haga sentir mejor". Y le dio una **cerveza**. Mientras ve a los otros tomar cerveza, las ganas que tiene José de tomar alcohol disminuyen. Dijo: "No, gracias". Lo invitaron otra vez a bailar pero, aunque él quiera rechazar todas las

her thirst. The bubbles and the entire gas will refresh him although he never dinks soft drinks. He put out the soft drink and drank it. Certainly he got happy because the soft drink calmed his thirst. He was going to the room when someone took his hand, maybe they wanted to dance with him and so it was. He was never a dancer and he rejected the invitation although he wanted to dance. He rejected that hand and went to one room.

There he knew that, although he stays alone, the party's noise would disturb him. Although he can't, he has to calm down. But, something made him happy, in his room he found a small refrigerator, he opened and found **lemonade**: "Maybe this is way better for me." He took the lemonade and saw TV; although he can't listen to any sound coming from the TV. Suddenly, someone else got in the room, telling him: "Maybe you will better with this," and gave him a **beer**. While he looks at the rest drinking beer, he slowly stopped feeling like drinking alcohol. He said: "No, thanks." They invited him to

invitaciones, sabía que no era posible. Lo obligaron a ir.

Es importante que José baile bastante y se distraiga con algo más que simplemente ver televisión. José sabía que esto ocurriría; tal vez esto siempre ocurra si lo invitaban a cualquier fiesta, pensó. Pero, aunque no sepa cómo hacerlo, decidió bailar durante toda la noche. Estaba muy emocionado y dijo: "Tal vez tome **ginebra**, no sabe tan mal después de todo". Así que aceptó la ginebra. Las horas pasaron y no sabía lo que ocurría, pero se sentía como otra persona; quizá ahora aprenda a disfrutar más las fiestas a las que era invitado. Ya era casi medianoche y no había comido nada, así que alguien le dijo: "Tal vez quieras comer algo", y él aceptó. Mientras comía, alguien le ofreció **vino**; se alegra de que le ofrezcan comida, tenía mucha hambre en el fondo.

Después de algunos minutos, estuvo bebiendo un **coctel** delicioso, se dijo: "Quizá tome más cocteles a partir de ahora". Los minutos pasaron y se divirtió mucho, posiblemente beba más vino

dance once more, but, although he wants to reject every invitation, he knew it wasn't possible. They forced him to go.

It's important for José to dance and distract himself with something else than just watching TV. José knew this would happen, maybe this would happen if they invited him to any party, he thought. But, although he doesn't know how to do it, he decided to dance during the entire night. He was very excited and said: "Maybe I would drink **gin**, it doesn't taste bad after all." So he accepted gin. The hours elapsed and he didn't know what was happening, but he felt like someone else, maybe know he will learn to enjoy more the parties he was invited to. It was almost midnight and he didn't eat anything, that's why someone told him: "Maybe you want to eat something, " and he accepted. While he ate, someone offered him **wine**, he gets happy because they offered him food, he was very hungry after all.

After a couple of minutes, he was drinking a delicious

durante el resto de la noche. Al día siguiente, despertó muy contento después de aquella fiesta y dijo: "Tal vez ahora lo mejor para mí sea una rica taza de **té**".

cocktail, and he said: "Maybe I'll take more cocktails from now on." Minutes elapsed and he had a lot of fun, he would possibly drink more wine during the rest of the night. During the next day, he woke up very happy after that party and said: "Perhaps now, the best for me would be a delicious cup of **tea**."

Por favor responda las siguientes preguntas	Please answer the following questions
¿Qué le ofrecieron las personas alrededor?	What did the people around offer him?
¿En dónde se sentaría José?	Where would José sit?
¿Qué encontró en el refrigerador?	What did he find in the refrigerator?

¿Qué soltó José?

What did José reject?

¿Qué lo perturbaría?

What would disturb him?

¿Qué encontró en el pequeño refrigerador?

What did he find in the small refrigerator?

¿Qué es importante? | What is important for José?
_____ | _____

¿Cómo se sentía José? | How did he feel?
_____ | _____

¿Qué bebería posiblemente durante el resto de la noche? | What would he possibly drink during the rest of the night?
_____ | _____

¿Qué estuvo bebiendo después de unos minutos? | What was he drinking after a couple of minutes?
_____ | _____

Respuestas sugeridas	Suggested answers
¿Qué le ofrecieron las personas alrededor? Vino tinto.	What did the people around offer him? Red wine.
¿En dónde se sentaría José? En el sofá.	Where would José sit? On the sofá.
¿Qué encontró en el refrigerador? Soda y refresco.	What did he find in the refrigerator? Soda water and soft drink.
¿Qué soltó José? La mano que lo sujetaba.	What did José reject? The hand that hold him.
¿Qué lo perturbaría? El ruido de la fiesta.	What would disturb him? The party's noise.
¿Qué encontró en el pequeño refrigerador? Una limonada.	What did he find in the small refrigerator? A lemonade.

¿Qué es importante?

Que José se distraiga y baile bastante.

What is important for José?

To dance and distract himself.

¿Cómo se sentía José?

Como otra persona.

How did he feel?

Like someone else.

¿Qué bebería posiblemente durante el resto de la noche?

Más vino.

What would he possibly drink during the rest of the night?

More wine.

¿Qué estuvo bebiendo después de unos minutos?

Un coctel delicioso.

What was he drinking after a couple of minutes?

A delicious cocktail.

Lesson 11:
La casa desordenada /
The messy house

Español	English
La casa desordenada	**The messy house**
Vocabulario importante:	**Important vocabulary:**
Trapo	Piece of cloth
Cocinar	Cook
Escoba	Broom
Limpiar	Clean
Plancha	Iron
Regar el jardín	Water the garden
Ordenar	Tidy
Reparar	Repair
Guantes de goma	Rubber gloves
Desorden	Mess

Mientras prepare el almuerzo, Julia siempre será muy feliz. Estará encantada de que disfruten todas sus comidas. Ella siempre se ha alegrado de que la gente coma lo que ella hace, y su hijo disfrutaba mucho sus platos. Mientras ella cocine, su hijo no comprará almuerzos en la escuela ni nada parecido. Su hijo sale de la escuela a las dos de la tarde, a veces almuerza allá, a veces almuerza al llegar, pero,	While she prepares the lunch, Julia would always be very happy. He would love to enjoy all of their meals. She has always been happy when people eat what she cooks, and her son enjoyed a lot her dishes. While she cooks, her son won't buy lunch at school or anything like that. His son leaves the school at two o' clock, sometimes he gets his lunch there, sometimes he gets his lunch when he arrives, but, during many

muchas veces, ha preferido comer en casa mientras su madre duerme una siesta después de un largo día. En esta oportunidad, pensó que su hijo, Julián, tal vez quiera comer algo diferente, así que olvidó sus deberes del hogar durante unas horas para cocinarle algo rico a su hijo. Sin embargo, los minutos pasarán y ella, mientras cocina, no se dará cuenta del desastre que hará. Pasaron dos horas, y vio que su casa estaba muy sucia, dijo: "Tal vez sea mejor limpiar ahora antes de ir a buscar a Julián". Así que buscó un **trapo** y comenzó a limpiar mientras piensa el resto de las zonas importantes de la casa que están sucias. Siempre y cuando pueda **cocinar** para su hijo, no le importará ensuciarlo todo.

Después de eso, tomó la **escoba**, y empezó a limpiar la sala. Antes de que llegue Julián, será mejor **limpiar** un poco la sala, él siempre trae los zapatos muy sucios. Así que Julia continuó limpiando la sala, hasta dejarla reluciente para cuando Julián llegue. Cuando Julián entre, estará muy sorprendido de ver la casa limpia. Por

times, he has preferred to eat at home while his mother takes a nap after a long day. In this opportunity, he thought her son, Julian, maybe wants to eat something different, so she forgot all of her chores during some hours in order to cook something tasty for her son. Nevertheless, minutes will elapse and she, while cooking, won't realize the disaster she will make. Two hours elapsed and she saw her house was very dirty, she said: "Maybe I can clean now before going for Julian," So she looked for a **piece of cloth** and started cleaning while she thinks about the rest of the important and dirty zones in the house. As long as she can **cook** for her son, she wouldn't care if everything gets dirty.

After that, she took the **broom** and started cleaning the living room. Before Julian arrives, it'll be better to **clean** a little the living room, he always brings his shoes very dirty. So, Julia continued cleaning the living room, until it was too clean for Julian when he arrives. When Julian gets in, he will be very surprised when

supuesto, Julián no limpia la casa, pero cuando juegue, le gustará ver todo limpio. Aunque él no limpie la casa, sabe cuándo está sucia y eso le disgusta bastante. Julia, por otra parte, se dirigió al armario, en donde están guardadas muchas franelas de ella y de Julián. En este lugar, hay mucha ropa arrugada, y aunque Julia no tiene mucho tiempo para planchar, necesitaba hacerlo.

Julia buscó la **plancha** y comenzó a planchar, tal vez termine más temprano de lo que imagina. Los minutos pasaban y algo le preocupaba: tenía que ir a buscar a Julián en una hora, y aún tenía Julia muchas cosas por hacer. Se alegrará de que pueda limpiar y hacer aquellos quehaceres de manera muy rápida, pero ahora dudaba de su rapidez. Aunque sea muy rápida, Julián tiene muchas franelas y no sabe si podrá terminar. De repente tuvo una idea, tal vez sea más adecuado planchar las franelas que necesite Julián en la semana y ya. Después de hacer esto, recordó que debía **regar el jardín**; se relajará cuando lo haga. Aunque no tenga mucho

seeing the house clean. Of course, Julian doesn't clean the house, but when he plays, he will like to see everything clean. Although he doesn't clean the house, he knows when it is dirty and he hates this lot. Julia, on the other hand, went to the closet, where there are several of her t-shirts and Julian's t-shirts. In this place, there is a lot of wrinkled clothing, and although Julia doesn't have enough time to iron, she needed to do it.

Julia looked for the **iron** and started ironing, maybe she finished earlier than she thinks. Minutes elapsed and something worried her, she had to look for Julian in one hour and Julia still had several things to do. She would get happy if she can clean and do those chores fast, but now she doubted about her speed. Although she is very fast, Julian has several t-shirts and she doesn't know if she is going to be able to finish. Suddenly she had an idea, maybe it'll be better to iron the t-shirts that Julian needs just in the week and that's it. After that, she remembered she should **water the garden**, she

tiempo para hacerlo, ella sabe muy bien que lo necesita.

Las horas para ir a buscar a Julián se acercaban; aunque sepa cómo llegar, siempre quiso que su mama lo fuese a buscar. Por otra parte, Julia aún tenía cosas por hacer; tenía que **ordenar** muchas partes de la casa antes de que llegue Julián. Mientras utilizaba la escoba una vez más, vio el televisor dañado y pensó que sería un buen momento para iniciar su reparación, tal vez pueda repararlo para el final del día. Aunque ella pueda **reparar** muchas cosas, no siempre tenía tiempo para ello. Pero, esta vez se sentía decidida, quizá repare finalmente aquel televisor y no lo termine botando a la basura.

Faltaban treinta minutos para ir por Julián cuando recuerda que debe limpiar algo en la cocina, con unos **guantes de goma** para no ensuciarse. Pensó que no tendría tiempo, pero lo tiene, aunque vaya tarde por Julián, debe limpiar eso. Pocos minutos pasaron, mientras se cambia de ropa para ir por Julián, piensa: "Tal vez si pueda tener tiempo para todo; ya no tengo más

would relax when doing it. Although she doesn't have much time to do it, she knows very well she needs it.

The hours she needed to go and look for Julian were coming, although she knows how to arrive, she always wanted his mom to look for him. On the other hand, Julia still had things to do, she had **to tidy** several parts of her house before Julian arrives. While she uses the broom once more, she saw the TV damaged and thought it would be a good moment to start fixing it, maybe she can fix it by the end of the day. Although she can **repair** several things, she didn't always have time to do it. But, this time, she felt confident, maybe she fixes finally that TV and doesn't end up throwing it to the garbage can.

Just thirty minutes were missing to look for Julian when she remembers she needs to clean something in the kitchen, with **rubber gloves** to avoid getting dirty. She thought she wouldn't have time, but she has it, even though she looks for Julian later, she needs to

excusas para dejar algún **desorden** en esta casa". clean it. A few minutes passed, while she changes her clothes in order to go for Julian, and thinks: "Maybe I can have time for everything, I don't have any other excuses to leave a **mess** in this house."

Por favor responda las siguientes preguntas	Please answer the following questions
¿A qué hora sale su hijo de la escuela?	When does her son leave the school?
¿Qué buscó ella para empezar a limpiar?	What did she look for to start cleaning?
¿Cómo trae siempre los zapatos Julian?	How does Julian always bring his shoes?

¿A dónde se dirigió Julia?

Where did Julia go?

¿Qué buscó Julia?

What did Julia look for?

¿Qué recordó que debía hacer?

What did she remember she had to do?

¿Qué tenía que hacer Julia antes de que llegue Julian?

What did Julia have to do before Julian arrives?

¿Para qué no tenía tiempo Julia?

To what didn't Julia have time?

¿Cuántos minutos faltaban para ir por Julian?

How many minutes were missing to look for Julian?

¿Qué usaría para limpiar la cocina?

What would she need to clean the kitchen?

Respuestas sugeridas	Suggested answers
¿A qué hora sale su hijo de la escuela?	When does her son leave the school?
A las dos de la tarde.	At two o' clock.
¿Qué buscó ella para empezar a limpiar?	What did she look for to start cleaning?
Un trapo.	A piece of cloth.
¿Cómo trae siempre los zapatos Julian?	How does Julian always bring his shoes?
Muy sucios.	Very dirty.
¿A dónde se dirigió Julia?	Where did Julia go?
Al armario.	To the closet.
¿Qué buscó Julia?	What did Julia look for?
La plancha.	The iron.
¿Qué recordó que debía hacer?	What did she remember she had to do?
Regar el jardín.	Water the garden.

¿Qué tenía que hacer Julia antes de que llegue Julian?	What did Julia have to do before Julian arrives?
Ordenar muchas partes de la casa.	To tidy several parts of her house.
¿Para qué no tenía tiempo Julia?	To what didn't Julia have time?
Para reparar muchas cosas.	To repair several things.
¿Cuántos minutos faltaban para ir por Julian?	How many minutes were missing to look for Julian?
Treinta.	Thirty.
¿Qué usaría para limpiar la cocina?	What would she need to clean the kitchen?
Unos guantes de goma.	Rubber gloves.

Lesson 12:
La esposa necia /
The stubborn wife

Español	English
La esposa necia	**The stubborn wife**
Vocabulario importante:	**Important vocabulary:**
Aspiradora	Vacuum Cleaner
Cepillo	Brush
Cuerda de ropa	Washing line
Fregar con esponja	Wash
Hacer la cama	Make the bed
Hacer las compras	Do the shopping
Productos de limpieza	Cleaning products
Blanqueador	Bleach
Guantes de goma	Polvo
Desorden	Quitar el polvo

Aunque sea muy temprano en la mañana, Manuel tiene una tarea diferente hoy. Su esposa está ahora enferma y tal vez no pueda realizar muchos de los quehaceres que generalmente realiza. Manuel es un hombre trabajador, casi nunca estaba en casa, por eso ahora no se alegra de que su esposa se enferme. Quizá él no esté preparado para realizar todos los quehaceres que su esposa siempre hace. Quizá los hombres nunca	Although it is really early in the morning, Manuel has a different task for today. His wife is now sick and maybe he can't do many of the chores that she generally does. Manuel is now a working man, he was almost never at home, that's why now he's not happy that his wife gets sick. Maybe he is not ready to prepare all of the chores his wife always does. Perhaps men never know the hard work that implies to

conozcan el trabajo arduo que implica mantener una casa limpia. Su esposa siempre hizo ese trabajo sin ninguna queja. Él la ama y hará lo posible para que su esposa se mejore; quizá sea una dolencia de un día, pero tenía que encargarse de ella para que su recuperación sea mucho más rápida. Manuel sale del cuarto y mira la **aspiradora**, tal vez esa no vaya a ser la primera vez en que tenga que utilizarla. Después de algunos minutos, también tenía el **cepillo** en sus manos; era imposible que use eso ahora mismo ya que no estaba acostumbrado a esos trabajos, pero tenía que hacerlo.

Se dirigirá al cuarto de su esposa varias veces. Aunque esté en cama, también ella pedirá muchas cosas para sentirse mejor. Siempre que se enfermaba era horrible para Manuel, aunque él ya sepa qué cosas hacer y qué cosas evitar. Después de asegurarse de que su esposa dormía, fue hacia el patio de la casa; tal vez pueda lavar algunas de sus franelas, así como una parte de la ropa de su esposa. Tomó tres franelas de ella y dos de sus

maintain a clean house. His wife always made the same without complaints. He loves her and will do everything to make her feel better; maybe it is just a one-day pain, but he had to take care of her so her recovery will be even faster. Manuel went out of the room and looks at the **vacuum cleaner**, maybe that's not going to be the first time he has to use it. After a couple of minutes, he had the **brush** in his hands, it was impossible to use that right now because he was not used to those tasks, but he had to do it.

He will go to his wife's room several times. Although she is in bed, she will also ask for many things to feel herself better. Whenever she gets sick, it was horrible for Manuel, although he knows already what to do and what to avoid. After making sure his wife slept, he went to his backyard, maybe he can wash some of his t-shirts, as well as a big part of his wife's clothing. He took three of her t-shirts and a pair of pants, he washed them and put them on the **washing line**.

pantalones, los lavó y los puso en la **cuerda de ropa**; recordó que tenía que estar alerta cuando llueve porque tendrá que retirar de la cuerda de inmediato. Después de eso, se dirige a la cocina para **fregar con la esponja** algunos platos que aún estaban sucios; quizá limpie toda la vajilla antes de cocinar en la noche.

Aunque quiera **hacer la cama**, sabe que sólo podrá hacerla en su habitación. Mientras limpiaba, pensó que era todo muy divertido, dijo para sí mismo: "Tal vez haga esto más seguido". Aunque no pueda hacer la cama en la habitación de su esposa porque esta estaba allí acostada, aprovechó el momento y arregló la cama de él, y la cama en la habitación para huéspedes. Antes de que llegue la noche, se aseguró de que todo estuviese limpio. La esposa se levantó y él fue a su habitación para saber si se le apetecía algo, pero ella lo negó, dijo: "Tal vez sólo necesite dormir un poco y ya". Él pensó lo mismo, él también necesitará dormir aunque ahora mismo no pueda hacerlo. Le dijo que iría a

He remembered he had to be alert when it rains because he would have to move from the clothing from the washing line immediately. After that, he goes to the kitchen to **wash** some dishes that were still dirty; maybe he cleans the entire tableware before cooking at night.

Although he wants to **make the bed**, he knows that he would only do it in his bedroom. While he cleaned, he thought everything was very funny, he said to himself: "Maybe I will do this more often." Although he can't make the bed in his wife's room because she's on it, he seized the moment and made his bed, and the bed in the guest's room. Before the night, he made sure everything was cleaned. His wife got up and he went to her room to know if she wanted something, but she denied everything, and said: "Maybe I just need to sleep a little more and that's it." He thought the same, he would need to sleep although right now he can't do it. He told her he would **do the shopping** and he would come back in a couple of

hacer las compras y que regresaría en poco tiempo. Ella asintió y le pidió unas cosas antes de que se vaya otra vez; es bastante lógico que duerma, necesita descansar.

Aunque quiera comprar muchas cosas para él, Manuel no podía olvidar el pedido de su esposa; ella quería comprar varios **productos de limpieza**. Ella le dio algo de dinero para que compre aquellos productos. Manuel los necesitaría para que continúe con la limpieza durante el resto del día. Manuel generalmente no olvidaba nada, compró el **blanqueador** y otras cosas que quería su esposa para que las mantenga guardadas durante los próximos días. Manuel dijo: "Quizá compre algunas golosinas para comerlas mientras veo televisión más tarde", las compró y regresó a casa.

"Cuando regrese, espero que se encuentre mejor", se dijo, pensando en su esposa. Y se llevó una sorpresa cuando entró y vio la casa llena de **polvo**. Ella dijo: "Quizá no pueda hacer muchas cosas, pero puedo **quitar el polvo**

minutes. She nodded and asked for some things before leaving once more; it's pretty obvious she needs to sleep, she needs to rest.

Although he wants to buy several things for him, Manuel couldn't forget his wife's errand; she wanted to buy several **cleaning products**. She gave him some money so he buys those products. Manuel would need the in order to continue with the cleaning during the rest of the day. Manuel generally wouldn't forget anything, he bought **bleach** and other things his wife wanted to keep them save during the next days. Manuel told her: "Maybe I buy some snacks to eat them while I am watching TV later," and he bought them and returned home.

"When I return, I hope she feels better," he said to himself, thinking of his wife. And, he received a surprise when he got in and saw the house filled with **dust**. She said: "Maybe I can't do plenty of stuff, but I can **dust the dust** you left here, " he looked at her and smiled proud of that strength and

que dejaste aquí", él la miró y sonrío orgulloso de aquel vigor y coraje que tuvo su esposa para levantarse de la cama.

braveness she had in order to get up from the bed.

Por favor responda las siguientes preguntas	Please answer the following questions
¿Cómo está su esposa ahora?	How is his wife now?
¿Qué hace Manuel cuando sale del cuarto?	What does Manuel do when going out of the room?
¿Cuántas veces se dirigirá al cuarto de su esposa?	How many times will he go to his wife's room?

¿Cuántas franelas y pantalones tomó de ella?

How many t-shirts and pants did he take from her?

¿Qué pensó mientras limpiaba?

What did he think while cleaning?

¿Qué necesitaba la esposa?

What did his wife need?

¿Qué no podia olvidar Manuel?

What couldn't Manuel forget?

¿Qué le dio su esposa para comprar los productos de limpieza?

What did his wife give him in order to buy the cleaning products?

¿Qué se llevó Manuel cuando entró?

What did Manuel receive when he got in?

¿De qué estaba llena la casa?

With what was the house filled?

Respuestas sugeridas	Suggested answers
¿Cómo está su esposa ahora?	How is his wife now?
Enferma.	Sick.
¿Qué hace Manuel cuando sale del cuarto?	What does Manuel do when going out of the room?
Mira a la aspiradora.	He looks at the vacuum cleaner.
¿Cuántas veces se dirigirá al cuarto de su esposa?	How many times will he go to his wife's room?
Varias veces.	Several times.
¿Cuántas franelas y pantalones tomó de ella?	How many t-shirts and pants did he take from her?
Tres franelas y dos pantalones.	Three t-shirts and a pair of pants.
¿Qué pensó mientras limpiaba?	What did he think while cleaning?
Que todo era muy divertido.	That everything was very funny.

¿Qué necesitaba la esposa?	What did his wife need?
Dormir un poco más.	To sleep a little more.
¿Qué no podia olvidar Manuel?	What couldn't Manuel forget?
El pedido de su esposa.	His wife's errand.
¿Qué le dio su esposa para comprar los productos de limpieza?	What did his wife give him in order to buy the cleaning products?
Algo de dinero.	Some money.
¿Qué se llevó Manuel cuando entró?	What did Manuel receive when he got in?
Una sorpresa.	A surprise.
¿De qué estaba llena la casa?	With what was the house filled?
De polvo.	With dust.

Section IV:
Bringing it all together

Lesson 13 :
José no ama los deportes /
José doesn't love sports

Español	English
José no ama los deportes	**José doesn't love sports**
Vocabulario importante:	**Important vocabulary:**
Baloncesto	Basketball
Béisbol	Baseball
Boxeo	Boxing
Campeón	Champion
Entrenador	Trainer
Esgrima	Fencing
Golf	Golf
Fútbol	Football
Tenis	Tennis
Water polo	Water polo

José no se sentía cómodo con su cuerpo, quería practicar algún deporte, iba a practicar un deporte pero no sabía qué deporte elegir. Su madre muchas veces le recomendó eso y él siempre dudaba, no sabía si era la mejor decisión. Dijo: "Lo haré, cuando llegue la oportunidad". Él no sabía qué elegir. Sin embargo, un día notó que cerca de su casa que había un gimnasio y un terreno enorme en donde era posible practicar varios

José didn't feel comfortable with his body, he wanted to play any sport, he was going to play a sport but he didn't know what to choose. His mother recommended him that so many times and he always doubted, he didn't know if it was the best choice. He said: "I'll do it, when the opportunity arrives." He didn't know what to choose. Nevertheless, one day he noticed that, near his house, there was a gym and an

deportes. Decidió ir al gimnasio que está allí cerca y practicar **baloncesto**. Algunas veces veía juegos de baloncesto en el televisor y se sentía emocionado por aquel deporte, quizá sería una buena idea practicarlo. Así lo hizo, duró algunos días y luego se retiró. Cuando la mamá preguntó por qué abandonó, él respondió que se ha lastimado un dedo. La mamá le recomendó el **béisbol** pero él lo rechazó de inmediato, le tenía mucho a miedo a las pelotas que eran lanzadas muy rápido. A diferencia del baloncesto, a él jamás le gustaría el béisbol.	enormous field where it was possible to play several sports. He decided to go to the gym nearby and play **basketball**. Sometimes he would watch basketball games on the TV and he would feel excited by that sport, maybe it would be a good idea to play it. And that's what he did, he lasted just a few days and then he abandoned. When his mother asked him why he abandoned, he answered that he has hurt one of his fingers. The mother recommended him **baseball** but he rejected it immediately, he was afraid of ball thrown very fast. Putting aside basketball, he would never like baseball.
Por otra parte, también pensó en practicar **boxeo**. No sólo era un deporte, con el boxeo también podría sobrevivir en cualquier pelea en la calle. Así que fue al gimnasio y duró una semana allí. No duró dos semanas, sólo una semana. Cuando la madre le preguntó la razón para retirarse del boxeo, él dijo que no podría soportar más golpes en su cabeza. Todos le decían que allí recibiría muchos golpes y que esto le afectaría enormemente en un futuro. Existía una leyenda rara la	On the other hand, he also thought about playing **boxing**. It wasn't just a sport, with boxing he would also survive in any fight in the street. So, he went to the gym and lasted just one week there. He didn't last two weeks, just one week. When his mother asked him the reason to abandon boxing, he said he wouldn't bear more punches in his head. Everyone would tell him that he would receive many punches there and this would

cual decía que todos los boxeadores eran muy tontos porque todos recibían golpes en la cabeza. Él no terminaría así, no sería muy tonto, pero no quería continuar porque aquella leyenda le afectó mucho. José quería sentirse como un **campeón** y no sabía si lo lograría con los deportes.

Su **entrenador** era alguien muy exigente, por lo tanto, era difícil para él continuar entrenando, sentía mucha presión encima y no sabía si podría soportarlo durante tanto tiempo. Él no estaba acostumbrado a eso. Él siempre hizo actividades en la cuales nadie le decía qué hacer, usualmente leía o escribía, pero no recibía gritos ni nada similar, así como los recibió varias veces en el gimnasio jugando baloncesto. Después de abandonar el boxeo, estuvo pensando las siguientes actividades que podría hacer. No quería rendirse ante esta tarea, pues quería practicar algo y cambiar un poco su vida. Un día, llegando al gimnasio, vio a varias personas llegar con un traje muy particular, y allí pensó

affect him a lot in the future. There was a weird legend which said that many boxers were very dumb because all of them received punches in their heads. He wouldn't end up like that, he wouldn't be dumb, but he didn't want to continue because that legend affected him a lot. José wanted to feel like a **champion** and he didn't know if he would make it with sports.

His **trainer** was someone very demanding, therefore, it was difficult for him to keep on training, he felt a lot of pressure on him, and he didn't know if he would be able to bear it for a long period of time. He was not used to that, he always made activities in which no one told him what to do, he usually read or wrote, but he didn't receive screams or anything similar, just as he received them several times at the gym playing basketball. After abandoning boxing, he was thinking about the next activities he could do. He didn't want to give up in front of this task, because wanted to practice something and change his life a little bit. One

que podría darle una oportunidad a la **esgrima**. Era un deporte fantástico y también algo artístico, pensó que sería perfecto para él. Sin embargo, eso no duró mucho ya que se retiraría después de dos semanas. Y para ello, tendría la misma razón que tuvo con el resto de las actividades: mucha presión.

Ya su madre estaba preocupada porque no entendía por qué no podía conformarse con ningún deporte. Aunque el sepa que las cosas no son fáciles, él nunca se rendiría tan rápido; sin embargo, ahora lo hace muy seguido. Su madre no entendía por qué. Así que, un día se acercó a él y le sugirió varias cosas. Ella ha practicado **golf** antes. El golf era un deporte que no requeriría tanta presión, todo era bastante tranquilo dentro del campo. Él lo intentó después de oír a su madre y se salió en una semana, decía que era muy aburrido. Lo mismo ocurrió con el **futbol**.

Quedaban pocos deportes para practicar allí, así que eligió el **tenis**, pero no se

day, arriving at the gym, he saw several people arriving with a very particular suit, and there he thought he could give an opportunity to **fencing**. It was a fantastic sport and somewhat artistic, he thought it would be perfect for him. Nevertheless, that didn't lasted much because he would abandon after two weeks. And for that, he would have the same reason he had with the rest of the activities: a lot of pressure.

His mother was worried because she didn't understand why he couldn't resign himself with any sport. Although he knows things aren't easy, he would never give up that quickly, nevertheless, now he does it very often. His mother wouldn't understand why. So, one day she got close to him and suggested several things. She has played **golf** before. Golf was a sport that didn't require so much pressure, everything was very relaxed inside the field. He tried it after hearing his mom and he abandoned in one week, he said it was really boring. The same happened with **football**.

sintió muy bien en la cancha, simplemente no le gustó. Por otra parte, cerca del gimnasio también se practicaba **water-polo** pero a él no le gustaban los deportes de agua. Finalmente decidió olvidarse de los deportes.

Just a few sports were left, so he chose **tennis**, but he didn't feel really good in the court, he simply didn't like it. On the other hand, near the gym **water polo** was also played but he didn't like water sports. Finally he decided to forget about sports.

Por favor responda las siguientes preguntas	Please answer the following questions
¿Con qué no se sentía cómodo José?	With what didn't José feel comfortable?
¿Qué deporte le recomendó la mamá?	What sport did his mother recommend him?
¿Qué no era solo un deporte?	What wasn't just a sport?

¿Cómo quería sentirse José? | How did he want to feel?

¿Cómo era su entrenador? | How was his trainer?

¿A qué pensó que podría darle una oportunidad? | To what did he think he could give an opportunity?

¿Por qué estaba preocupada su madre?

Why was his mother worried?

¿Qué ha practicado ella antes?

What has she played before?

¿Qué eligió cuando quedaban pocos deportes para practicar?

What did he choose when there were just a few sports left?

¿Qué decidió finalmente?

What did he finally decide?

Respuestas sugeridas	Suggested answers
¿Con qué no se sentía cómodo José?	With what didn't José feel comfortable?
<u>Con su cuerpo.</u>	<u>With his body.</u>
¿Qué deporte le recomendó la mamá?	What sport did his mother recommend him?
<u>Béisbol.</u>	<u>Baseball.</u>
¿Qué no era solo un deporte?	What wasn't just a sport?
<u>El boxeo.</u>	<u>Boxing.</u>
¿Cómo quería sentirse José?	How did he want to feel?
<u>Como un campeón.</u>	<u>Like a champion.</u>
¿Cómo era su entrenador?	How was his trainer?
<u>Muy exigente.</u>	<u>Very demanding.</u>
¿A qué pensó que podría darle una oportunidad?	To what did he think he could give an opportunity?
<u>A la esgrima.</u>	<u>To fencing.</u>

¿Por qué estaba preocupada su madre?

Porque no entendía por qué no podía conformarse con ningún deporte.

¿Qué ha practicado ella antes?

Golf.

¿Qué eligió cuando quedaban pocos deportes para practicar?

Tenis.

¿Qué decidió finalmente?

Olvidarse de los deportes.

Why was his mother worried?

Because she didn't understand why he could resign himself with any sport.

What has she played before?

Golf.

What did he choose when there were just a few sports left?

Tennis.

What did he finally decide?

To forget about sports.

Conclusion

Is it over? Certainly not! Although the book reached its end, your learning process will never stop! From now on you can keep this book with you, no matter what. We know very well you did a huge effort studying each one of these lessons and we hope you learned a lot with these stories we've created for you.

Now that this book is yours, you can always go back to any lesson you want in order to review it, any time you want, any time you need. Remember that the book finished but your learning process must go on, must be the best, and if you have to review a couple of lessons in order to get better, you can always go back and read the lesson you need whenever you want.

Maybe you don't enjoy making a bunch of boring sentences, and that's okay, but remember that you must look for other materials and strategies in order to continue studying; you can always read this book once more, listen to a lot of Spanish music, watch Spanish movies, and the list goes on. In this way, you will love even more the language and you will understand it even more sooner than you think.

Thank you for reading this book, we truly hope you loved this book as well as we hope you learned more with it. If you actually loved it, recommend this book to your friends and other people who might want to learn Spanish language but don't know how, your comments and experience will be rather useful for them. Remember to keep studying, lessons might end but your learning process will not do so.

See you in the next level!

CPSIA information can be obtained
at www.ICGtesting.com
Printed in the USA
BVHW010729301220
596653BV00020B/158